学会自我管理　成就精彩人生

——大学生自我管理研究

万丽丽　著

山东大学出版社

图书在版编目(CIP)数据

学会自我管理 成就精彩人生:大学生自我管理研究/万丽丽著.—济南:山东大学出版社,2018.11
ISBN 978-7-5607-6251-7

Ⅰ.①学… Ⅱ.①万… Ⅲ.①大学生-自我管理-研究 Ⅳ.①G645.5

中国版本图书馆 CIP 数据核字(2018)第 274380 号

责任编辑:徐 翔
封面设计:张 荔

出版发行:山东大学出版社
社 址 山东省济南市山大南路 20 号
邮 编 250100
电 话 市场部(0531)88363008
经 销:新华书店
印 刷:济南景升印业有限公司
规 格:850 毫米×1168 毫米 1/32
6.25 印张 150 千字
版 次:2018 年 11 月第 1 版
印 次:2018 年 11 月第 1 次印刷
定 价:48.00 元

前　言

大学生自我管理的研究，已经引起了人们的普遍关注，不仅管理学、教育学、心理学等学界的专家们，对此产生了极大的兴趣，而且从事大学思想教育和管理的干部团队中，也不乏倾心研究者。人们的共同认识是，这一课题的研究不仅具有管理学、心理学等方面的理论意义，也是新时代中国特色社会主义建设的需要，是去行政化背景下，大学内部管理的变革，大学生自我管理能力强化的需求，同时有助于大学生自身赢得大学生活的实际效率和多重效益。大学生自我管理已成为培养当代大学生成长、成才的基础性教育内容，在新时代教育的发展上具有实践意义。

本书从大学生自我管理的实际需要出发，在充分吸收现有的研究成果的基础上，依据作者的研究思路和体会，从学生的日常生活自我管理、学习自我管理、情绪自我管理、人际关系自我管理以及“过渡期”的自我管理五方面进行研究。作者从学生的实际出发，从长期从事学生管理工作的经验和感悟出发，从学生的主体需要出发，研究和思考大学生个体生活中的一些实际问题，总结大学生活中自我管理的成功经验，并且加以理论化分析，使之在理论研究色彩的基础上，具有现实的可接受性和可操作性，为大学生的自我管理提供借鉴。

作者
2018年8月

目 录

第一章　大学生自我管理概述

大学生自我管理的研究具有重要的理论依据。哲学的基本原理告诉我们，外因是变化的条件，内因是变化的根据，外因通过内因而起作用。在大学生活的历程中，没有学生的自我管理的内因能动作用，学校的管理很难发挥应有的效果。我国著名教育家陶行知先生曾经大量倡导学生自治，让学生学会自己管理自己。他认为学校的教育应当注重培养学生具有自我管理的能力，自我约束的能力，以适应未来社会发展的需要。前苏联著名教育家苏霍姆林斯基曾经说过，真正的教育是自我教育的教育。美国著名心理学家阿尔波特也指出，人有主动作用，能自治本身，自己管理。资料显示，我国大学生目前在自我管理方面存在着诸如学习目标不明确、时间管理失控，自我认识不足，心理承受能力不足、心理问题难以调试，生活方式不健康、身体素质下降，消费盲目、缺乏理性等问题。作为自我管理的主体，大学生群体应当重视如何进行自我管理，增强大学生活的效益和效率。

第一节　大学生自我管理的含义

一、什么是自我管理

管理学的基本理论认为，管理是人类生活中最基本和最重要的活动之一，是任何组织必然存在和不可或缺的活动，是保证组织有效运行的必要条件。所有组织，无论其性质如何，都只有在管理者对其加以有效管理的条件下，才能按照所要求的方向行进。我们认为，不仅社会组织存在管理的问题，作为个体的人，也有自我的管理问题存在。个体同样具有对自身进行有效管理的一系列问题需要加以思考和解决。

这种个体对自身的管理，我们称之为自我管理。所谓自我管理就是指个体对自己本身，包括自己的目标、思想、心理和行为等表现进行的管理，其主要特征是自己把自己组织起来，自己管理自己，自己约束自己，自己激励自己。自己既是管理的主体，又是管理的客体。

二、大学生活自我管理的定义

大学生自我管理是大学生个体为了培养全面发展的素质而进行的自我认识、自我评价、自我约束和自我激励的活动，是大学生个体充分调动自身的主观能动性，有效利用和整合自我的资源，运用科学的管理方法，展开的自我学习、自我教育、自我发展、自我完善的活动。认识自我是大学生进行自我管理的基础性前提，没有一定程度的自我认识，自我评价、自我约束、自我激励便很难展开。

第二节　大学生自我管理的内容

一、自我认知

自我认知是大学生自我管理的基础条件，是作为管理主体的大学生对自己的言行和特点的感受和了解。只有了解自身的性格特征、心理状况、学习生活习惯、自身的优势和劣势，才能够扬长避短。

二、自我计划

自我计划是自我管理的重要组成部分，只有完善的自我计划才能使大学生活做到有目标、有组织，才能增强大学生活的实际效率。

三、自我控制

自我控制是实现既定目标的保证，是一种有利于自身、他人和社会的自律活动。自我控制通过自身检查实现目标的进度和质量，通过自我纠偏，使自己的思想和行为有利于实现目标。

四、自我激励

自我激励是引导自我行为的重要一环，是自我管理的推动力，是由于个人内在的动机和愿望而产生的一种驱动行为，是自我向目标前进的心理活动过程。

第三节　大学生自我管理的特征

一、大学生的生活特征

与其他社会组织不同，作为大学组织的主要成员的大学生群体的生活具有其独特性，主要表现在以下方面：

1. 松散性

相对于高中生的学习和生活而言，大学生的学习和生活的自由度，得到了极大的增强。松散性是大学生个体生活的显著特征之一，其具体表现是：其一，课程设置和时间安排比较松散。大学的课程安排不具有时间上的连续性，有时候是上午两节课，晚上两节课；有时候是只有晚上两节课，白天完全没有课。其二，业余活动的安排也比较松散。大学的业余活动没有任何规律性可言，有时候是星期天，有时候是星期六，有的活动的安排完全是根据能否申请到活动场所决定的。其三，组织相对松散。大学组织（尤其是学生组织）是比较松散的，有的甚至完全没有纪律的约束。其四，制度设计也具有松散性。大学学生组织的制度，基本上都是弹性制度，一般不具有强制性。

2. 自主性

大学的学习和活动，作为主体的学生具有很强的自主性。大学的学习是学生自主的学习过程，体现出强烈的自主性。大学的活动是学生自主参加的过程。大学校园里几乎所有的事项都是学生自愿参加，也可以不参加。其中包括最为重要的课堂教学，学生们也有选择不出席的自由和权利。

3.选择性

大学的学习和生活的过程就是选择和取舍的过程。学习的专业是自己的自主选择,学习的内容也具有较高的选择性。社会活动的参与与否,更是具有较大的选择空间,有的甚至完全取决于个人的意愿。

4.阶段性

大学生活在人生的旅程中,只是一个阶段,虽然是非常重要的人生阶段。阶段性特征是大学生活的重要特征之一。

二、大学生的自我管理特征

由大学生活的上述特征出发,我们认为,大学生的自我管理必然具有以下主要特征:

1.个体性特征

从本质上讲,大学生活的自我管理是每一个大学生个体的独立行为活动,是个体的主动性的发挥和个人独立管理自我的主体意识的觉醒与外化。尽管这种自我管理的行为要受到外界条件的影响和制约,受到社会环境和大学文化的引导和牵引,但其仍然是一种个体的主动性的活动,个体性特征是明显的。

2.学习性特征

大学生活的自我管理无论其外在的表现方式如何,其根本是旨在提高大学的学习效益和效率的活动,大学生活的自我管理始终是围绕着学习这个中心展开的。当然大学学习的内涵是广义的,包括学会生存的技能和人际沟通的能力。大学四年自我管理的效果如何,要最终通过学习的效益来评判。说到底,自我管理的措施与执行的形式都是外壳,其内核是学习的效益如何,有没有通过自我的管理达到四年的最佳学习效益才是主要的考量。

3.动态性特征

在大学的四年里，大学生个体对自我的管理过程是一个随着时间推移的循序渐进的过程，是一个动态的管理过程。这个过程是管理者由建立管理的雏形，进而不断充实、补充、调整与完善的过程，是分散的管理到系统管理的过程。其动态性特征是显性的表象。动态性特征决定了大学生的自我管理的作用和意义，决定了这一过程是个体自我管理能力不断提示的过程，是对自我的认识逐步科学的过程，是自我心智进步与发展的过程。这一过程还是对高中生活的继承和对未来人生铺垫与奠基的过程。

第四节　大学生自我管理必须处理好的几个关系

大学生个体的自我管理是在学校和社会管理的背景下进行的，必须处理好与学校管理和社会管理的关系，自我管理才能正常有效地展开。

一、大学生自我管理与学校管理的关系

大学生的自我管理不是孤立进行的纯粹的个体活动，它是学校管理的有机组成部分。个体的发展规划最好能与学校的人才培养规划和目标相适应，与学校的管理制度相适应，与学校的文化氛围实现良性的互动，避免出现激烈的矛盾和冲突。尽管如此，个体自我管理的主动性、自主性必须得到有效的保证。学校管理应当给予个体自我管理的空间，为个体的自我管理创造必要的条件。

二、大学生个体的自我管理与学生组织管理的关系

学校内部的学生组织对学生群体的活动具有一定的协调作用。学生个体应当有条件地理解和服从这种协调。另一方面,学生个体应当具有自主的选择权,有自我决定个人事务的权利,行使个人事务的自我管理权。最好的结果是,个人的自我管理与学生组织的管理协调一致,或者大体上不出现明显的冲突。

三、大学生的自我管理与社会管理的关系

作为社会人的存在,大学生个体应当具有满足社会人的一般要求的属性,不应当,也不可能成为独立于社会之外的特殊个体;理应服从社会的一般管理规范,成为模范遵守社会管理规范的社会成员。在服从社会管理的前提下,应当充分发挥自我管理的优势,自主地设计自己的规划并且进行有效的实施,强化自我的知识和能力,以便将来更好地为社会服务。

第二章　认识自我，认识学校

当代“90后”大学生群体的自我意识以及自我价值追求，呈现出不断增强的趋势，这不仅是因为这个群体中的绝大多数成员是独生子女，更重要的是，改革开放的政治经济和文化环境，使他们的自我意识的增强和自我价值的实现与追求，成为时代的必然。对自我价值的注重和向往、独立人格的追求与实现，已经成为“90后”大学生的时尚锁定。

第一节　认识自己，发现优势

认识自我是自我价值实现的前提条件，也是进行自我管理的前提条件。没有科学的自我认识，便无法进行自我的规划和目标的设定，也无法制定实施目标的详细方案和具体举措。真正意义上的全面的理性的认识自我，是一个尖端的人生课题，也是一个艰苦的自我心路历程，更是成功人生的基本心理路径。在这种心路历程中，可能不时会有阵痛出现，但这种阵痛带来的效益，可不仅是当下的效益呈现，更可能是终身的持久受益。古希腊时代是人类文化发展的高峰期之一，孕育出了一大批先哲圣贤,无数的文化精英发出了同一个声音:"人啊,认识你自己!"我国的春秋战国时期,同样是人类文化发展的高峰期,不仅人才辈出、群星璀璨,而且各种学说异彩纷呈。思想家们的普遍共识依然是:"三省吾身。"异口同声地倡导人们,要把"认识自己"当作每天必做的功课认真践行。作为人类的两大话语体系,东西方文化存在许许多多的不同与差异,甚至矛盾和冲突,但在这一文化主题上,却惊人地相似。当历史走入20世纪的时候,作为世纪杰出伟人的毛泽东,秉承东西方先哲的思想遗传,向人们又一次发出"认识自己"的时代解读:"人贵有自知之明。"时至今日,人们仍然在为"认识自己"而不懈努力,继续为破解这一永恒而常新的课题贡献智慧。

一、"核心自我评价"理论

在心理学领域,随着人格整合研究的不断深入,"核心自我评价"的概念便被提出,并且受到学者们的重视。Judge等人在1997年正式提出"核心自我评价"概念,并且进行了系统的研究。他们认为,这一概念包含四个特质:自尊、一般自我效能、神经质和控制点。这四个特质存在着很高的相似性。[①] 核心自我评价作为一种相对持久和基础的对个体自身能力和价值持有的最基本的评价,可以集中反映个体的内在人格特征。

自尊,是人们对自己作为一个人的最基本的总体价值判断。作为对自己的积极评价,表明个体在多大程度上相信自己是有能力的、重要的、成功的和有价值的。自尊是个体追求

---

① 参见于丽伟:《学习效率对大学生核心自我评价的影响》,《青春岁月》2016年第7期。

自我价值实现的一种内在的动力，是个体内在心理活动的动态系统，反映的是个体整体的自我接受程度、自我欣赏程度和自我尊敬程度。自尊是个体行为的主要动力，是自我结构中具有评价意义的成分，是与需要相联系的自我态度体验，也是个体身心健康的决定因素。学者们一致的观点是，自尊是一种稳定的人格特质，它形成于青少年后期，而且不容易发生改变。

"一般自我效能"是班杜拉(Bandura)提出的。[①] 他于1977年首次提出"自我效能"，后来又进一步发展成为"自我效能理论"。自我效能是个体以自身为指向的一种思维方式，是个体对自己能否在一定水平上完成某一行为活动所具有的信念、判断或主体的自我感受。评判者把一般自我效能描述为：一般自我效能是指个体对自己处理日常生活中的事件、完成任务以及取得成功的基本能力的估计。

神经质，是指个体情绪的波动状况，情绪稳定性低的个体容易产生担心、害怕、有压力以及无助感。情绪稳定性高的个体则没有这种情况出现。

我国有学者认为，核心自我评价是个体在针对特定情境对自身进行各种具体判断和评价时所持有的对自身能力、态度、性格和价值等的最基准评价，具有以评价为中心、基本性和广泛性的特点，是一种相对持久和基础的对自己作为一个个体的评价。其中包括自尊、一般自我效能、控制点、情绪稳定性(神经质)四个主要人格特征。核心自我评价与自我意识、自我评价是既有区别又有联系的概念。

---

① 参见[美]阿伯特·班杜拉：《思想和行为的社会基础》，林颖译，华东师范大学出版社2001年版。

二、核心自我评价理论对大学生个体的意义

“核心自我评价理论”对大学生个体认识自我、形成正确的自我评价、稳定的情绪具有重要的指导价值。由这一理论出发,我们认为,大学生个体形成良好的“核心自我评价”的基础是“自我的长项”。只有拥有对“自我长项”的正确认知,才能形成优良的“自尊”和良好的“主体感受”,以及能够掌握自我命运的判断和稳定的情绪。研究显示,大学生个体的核心自我评价对专业选择、学习和生活满意度,以及未来的职业承诺、工作和生活都具有直接的影响。

(一)发现自我的长项

所谓自我长项,就是个体具有的优势。包括外在的优势和内在的优势两个方面的内容。外在的优势包括自身的外表以及与个体有关的资源优势。诸如家族资源、家庭资源、亲缘资源等。内在的优势包括自身的素质和内在的修养等方面。优势原则,是自我管理的重要原则之一。这一原则要求管理主体充分利用自己的长处和强项进行人生规划,设定人生的目标,并且进行锲而不舍的努力实施,从面发挥人生的最大效益,实现人生的增值和超值。扬长避短,善于在自己的长处着力,是自我优势原则的具体体现。

我们提倡大学生个体进行“认识自己”的心理活动,不是为了纯哲学意义上的理论思考,而是希望同学们通过这一心理活动,发现自己的长项和优势,知晓自己的短处和劣势,从而扬长避短,以自己的长项为基础,形成个体的心理优势,站在优势心理的高地上,面对现实的学习和生活任务,制定未来的人生战略。进入大学学习阶段以后,同学们彻底卸下高考这一沉重的负担和压力,远离了父母主导的家庭生活氛团的

控制，开始了相对独立的自我管理、自己学习和生活的人生阶段。应当充分利用这一相对独立的自我学习和生活环境，付出一些时间和精力对自己进行一番研究和审视，发现自己的心理优势，包括个体的性格优势和情绪优势，发现个体的学习优势，包括学习心理基础的优势，发现个体的为人处世的优势和人际心理优势。以个体的优势自我评价为基础，进行未来的专业发展方向定位和事业规划的思考与谋划。

（二）发现自我长项的方法和路径

生活中的我们，每时每刻都在经历着自我，也在通过自身和外界传递的各种信息进行着对自己的认识。但较为主动和理性地进行自我认识，需要具有一定的方法和路径，以达到事半功倍的效果。笔者认为，在现代方法论指导下的一定程度的自我分析，其中包括定性分析以及定量分析，加之科学分析他人具有真实价值的评价，是认识自己的科学有效的路径。

1. 自我分析法

首先要解决的问题是，必须引入自我分析的勇气和认知。我们常见的情况是，人们在社会环境中，对于解剖社会和他人方面往往具有一定的勇气。在解剖社会问题的时候，似乎不仅有内在的勇气，还特别具有外在的激情。尤其是年轻气盛的人们。在分析他人时，也往往充溢着哲学的思辨和数学的统计分析，精辟的见解不断涌现。但一旦将视角转移到自身，便显得底气不足，往往缺乏必要的勇气和理性。似乎越是热衷于分析社会弊端，解剖他人长短的人士，越是不敢理性地面对自身。在对自我进行无情和理性的分析与解剖领域，鲁迅先生为人们树立了榜样的标本。他之所以能够成为中国现代文化运动的先驱之一，成为一代伟人毛泽东敬重的思想家和人格导师，赢得了“民族魂”的桂冠，就是因为鲁迅先生不仅对社会的解剖深刻而尖锐,对自己的解剖更是一针见血,直至灵魂深处。对自己的解析完全可以学习鲁迅先生的手术刀式方法。如果能像鲁迅先生深入自己的内心世界,触及自身内心深处的灵魂那样,进行自身专业长项和心理素质长项的寻找与获得,那么肯定能够透过外在表象,发现能力、潜力、动机、情感、性格和意志等因素中的个人高地,以此为依据设定符合自身实际条件的人生目标与战略规划,并且在实现目标的过程中及时加以充实和调整,以最终一生应当到达的境界,甚至进入超常发挥自身的状态,产生奇迹般的效果。

人的潜力其实是巨大的。学者建议人们要经常反思自己的成长史,发现自己的长处和短处,还精心设计了5个主要的观测点,供人们使用。(1)自己的长处是什么?最擅长做些什么工作?虽说不出众,但自以为勉强还能做的工作是什么?(2)去年自己取得的最大成绩的工作是什么?哪项工作中,哪些方面的能力和技术发挥了作用?(3)自己在工作中哪些方面失败了?去年的两大失败是什么?(4)为什么会遇到那样的失败?为防止失败采取过哪些措施?(5)自己遇到了哪些大的困难?其中最大的困难是什么?

2.借助他人评价法

依靠自身的自我分析,达到认识自己的目的,只是认识自己的一种渠道。仅仅着力于这一个方面,是具有局限性的。还应当借助外界对自己的评价,当然这种评价必须是真实的评价,是客观公正的评价,而不是社会上个别下级对领导的那种评价,虚假得连上级领导自己都不相信,但却十分受用。经常发出这种评价的下属,有可能当面受到领导严厉的批评,但晋升得却比较快。

大学生们尽管还没有走上社会,但也同样生活在群体中。

生活在群体中的人们，对每一个体都会有属于自己的看法和评价，正是因为大学生们的心理比较单纯，没有被低俗的社会生活元素所浸染，所以他们之间的相互评价应当说是比较客观的。每一位同学都可以从其他同学对自身的评价中，汲取有用信息，还原真实的自我。需要注意的是，由于种种原因，同学们的评价也有可能出现偏差与错误，进行信息的过滤和筛选是必要的，全盘接受不可取，但过滤的标准不能依据情感上的好恶。爱学习的学生一般是去教室或图书馆上晚自习的，如果偶然上晚自习感觉不好，提前从教室返回寝室，走到寝室门口的时候，恰巧听到同学们正在议论自己，此时不必推门进去，站在门外听一听这些议论，可能对自己非常有益。专家们曾经建议一年级的新生，在进入大学生活的一个学期以后，主动约请同班的10位同学谈谈对自己的看法，然后认真分析这些看法，找出自己的长处和不足，并以此为参考思考下一阶段的学习与生活的计划和安排。接受建议的同学反馈的情况是：他们及时发现了自己的长处，也及时发现了自己的不足，很有收获，避免了很多麻烦。

3.保持本色法

每一个人都是优点和缺点的集合体。优点和缺点都是与生俱来的，是大自然的造化、父母的赐予。一个聪明的人不是因为自身缺少某些东西而感到悲哀，而是为他自身所拥有的一切而感到欢喜。每一位同学都应当这样告诉自己：这个世界上只有一个“我”，无论我的相貌美不美，性格好不好，能力强不强，这些都是“我”的，都是“我”的组成部分，我必须与我拥有的这一切一起成功。人生的规划和设计，必须在接受自我的一切的前提下进行，包括接受自我的缺陷和偏颇，绝不力图用虚伪的办法来掩盖自己的真实面目，更不力图把自己改变成自己所崇拜的某一类型的人物,因为那是徒劳的。著名政治家、军事家拿破仑带着他的小个子成就了一番宏伟大业,许多身躯伟岸的男子汉们被他的魅力所折服。好莱坞著名表演艺术家卓别林那张不漂亮的脸,让许多美男子自愧不如,大师的魅力经久不衰。只要承认自己,接纳自己,相信自己,在发掘自我的长项中完善自我,即使是弱点突出的人,一样会拥有辉煌甚至是不朽的人生。好莱坞著名影星索菲亚·罗兰在刚刚走上荧幕时,断然拒绝了导演让她对鼻子和臀部进行手术的建议。后来,她凭借自己独具魅力的表演,征服了全世界的观众,她的风采令几代人倾倒。不必消耗精力去刻意做某些事情,伪装某种姿态,或者把别人扯到自己的行为里。一个成功的人,是真诚面对自我、发现自我的人,是会利用自身优势的人,而不是一味模仿别人的人。只要我们敢于解剖自己,科学地进行自我分析,善于借助外界对自己的评价,保持本色,为自己拥有的感到欢喜,我们就可以在一定程度上认识自己,发现自己的长处与短处,也就为四年的大学生活管理奠定了重要的基础。

第二节 认识大学

古希腊著名哲学家柏拉图有三句名言:教育是把一个人从虚假引向真实;教育是把一个人从黑暗引向光明;教育是把一个人从低俗引向高尚。事实证明,大学这片神奇的土地,的确能够净化人的心灵,使人真实、阳光、高尚。自大学产生以来,人们对大学的认知逐步展开,由浅入深,探索与描述日益精彩。

认识大学,认识当下中国大学的总体情况,特别是认识自己所在大学的情况，同样是大学生个体进行自我管理的前提条件。因为大学生个体的自我管理是在当下中国大学总体发展状况的大背景下展开的，是在所在大学特殊自然环境和人文环境下实现的。人们已经习惯将今天中国的大学分成三类：第一类是研究型大学，主要是指包括北大、清华在内的"211"和"985"大学。第二类是教学研究型大学，主要是指非"211"和"985"的一般普通本科院校。第三类是教学型大学，主要是指三本的大学。我们不大赞成"研究型大学"的提法，世界上没有纯粹"研究型"的大学，只要是大学，就必须具有教学的元素，没有教学存在的大学不能称之为大学，只是所占比例大小的问题。我们主张将大学分成研究教学型、教学研究型、教学型三类。研究教学型大学是指以研究为主、教育为辅的大学，比如北京大学、清华大学、中国科学技术大学等学校。教学研究型大学是指以数学为主，研究处于次要地位的大学，也就是现在的一般本科院校。教学型大学是指主要进行教学的大学，也就是现在三本的大学。每一所都按照自己所在的类别进行规划和建设，把自己建成这一类大学中的佼佼者。高水平的大学不一定都是研究教学型大学，三种类型之中都应该有世界一流的大学。所有的大学都提出建成"研究型"大学，是一种战略的失误。既不利于国家高等教育的总体布局的层次性，也不利于大学自身的科学发展。

一、从理论上认识大学

与其他社会组织不同，大学组织具有其特殊性。就读大学的首要任务就是在理论上认识大学，认识大学的本质，以便更好地理解大学、阅读大学。

(一)大学的定义

对于大学的定义性描述的内容十分丰富。19 世纪英国维多利亚时代著名的神学家、教育家、文学家和语言学家约翰·亨利·纽曼是教育史上具有里程碑意义的人物。他指出:“大学是一个传授知识的场所。”[①]罗伯特·赫钦斯是美国著名教育家、前芝加哥大学校长。他认为自由教育和批判中心是大学教育理念的精髓,大学应该实行自由教育,成为独立思想和批判的中心。大学是人格完整的象征,保存文明的机构,探究学术的社团,是智者之家。[②] 梅贻琦是我国著名教育家,1931～1948 年担任清华大学校长,他认为大师是大学的第一要素,而且以身示范,对教师特别是大师十分敬重,充分发挥他们在教学、科研和管理学校事务中的作用,深受教师们的爱戴和好评。他在主政清华大学期间,海内外有识之士云集清华园,被传为教育史上的美谈。教授治校的清华大学群星汇聚,为多灾多难的祖国培养了一大批杰出的人才。他的名言“大学者,乃大师之谓也,非大楼之谓也”,被人们广为流传。蔡元培被人们称为“20 世纪中国教育革命第一人”,于 1917～1927 年担任北京大学校长。他主张思想自由、兼容并包,认为无论各种学派,只要言之成理,都可以让其自由发展。在他任内,北京大学迎来发展的“黄金时期”。

(二)构成大学的支柱性元素

经过多年的研究与探索,我国的教育界普遍认为,大楼、

---

① [英]约翰·亨利·纽曼:《大学的理想》,外语教学与研究出版社 2004 年版,第 105 页。

② 参见[美]罗伯特·赫钦斯:《美国高等教育》,任利兵译,浙江教育出版社 2010 年版,第 64 页。

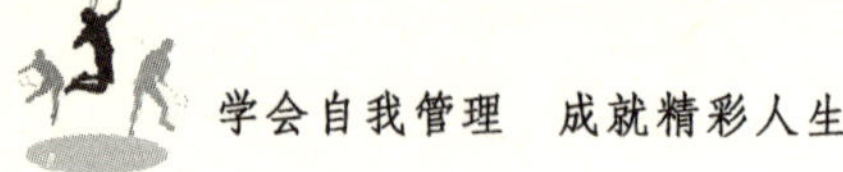

大师、大文化是组成大学的三大支柱性元素。

1. 大楼

虽然著名教育家梅贻琦先生认为组成大学的核心元素是大师而不是大楼，大楼毕竟是办好大学的物质基础，是不可或缺的元素。没有大楼的大学也同样是不可想象的，没有大楼的支撑，大学的大厦会面临颠覆的危险，尤其是在现代社会办大学，更需要拥有大楼，就一定意义而言，拥有大楼是吸引大师加盟的先决条件，也是吸引学生的主要条件。今天中国大学的领导者们十分注重大楼的建设，几乎每一所大学都会严格按照教育部对建筑面积师生比的要求，建造一定数量的大楼。对于具有悠久历史遗存的大学来说，一些古老的大楼还承载着大学的历史和文化，凝聚着人们的精神和情感，是校友们精气和心神的集合体，是大学厚重的文化符号。老北大的红楼向人们述说的不仅是北京大学的百年沧桑，更是近现代中国历史的精神见证和物质重现。

2. 大师

大师是大学的支柱，是学校发展的根本支撑力量。著名的大学校长都十分注重培育和引进大师。梅贻琦先生上任清华大学校长伊始便提出了“大师论”，“大学者非有大楼之谓也，乃有大师之谓也”的名言至今仍被人们广为传颂。民国时期著名的大学校长们，用感情留人，事业留人，留下了许多动人的佳话。1949 年后，教育家匡亚明、朱九思等在学校的师资队伍建设中，进行了许多创造性的探索，留下了许多令人动容的故事。他们为新中国的高等教育作出了杰出的贡献，也为人们留下了宝贵的示范力量。世界著名的牛津大学之所以培养了一代又一代精英，就是因为它具有雄厚而卓越的师资力量。在牛津大学的师资队伍中，有 83 位皇家学会会员、125 位英国科学院院士。今天中国大学的领导者,十分重视师资队伍建设,相当多的大学以高薪和别墅等物质条件招优秀的师资加盟。招聘广告频频出现于包括国家级报刊在内的各大媒体。

3. 大文化

大学文化是大学的主要组成元素,每一所大学都有属于自己的大学文化,尽管其内涵的因素和外在的表现方式存在很大的差异。关于大学文化,学者们给予了不同的诠释:有的学者认为,大学文化是追求真理的文化,是严谨求实的文化,是追求理想和人生抱负的文化,是崇尚学术自由的文化,是提倡理论联系实际的文化,是崇尚道德的文化,是大度包容的文化,是具有强烈批判精神的文化。有的专家认为,大学文化是学校全体教职工和学生在长期的办学实践中逐步形成的具有学校特色的群体意识,以及体现和承载这种群体意识的行为方式和物质形态。还有人认为:大学文化是指学校全体教职工在长期的办学过程中形成并遵循的最高目标、价值标准、基本信念和行为规范。大学文化既是一种管理文化,也是一种教育文化和微观组织文化。大学文化包括大学精神文化、大学制度文化、大学环境文化和大学行为文化。大学精神文化内涵着大学的办学宗旨和指导思想以及校训、校风、学风、教风、格言警句、标语口号等形式表现出来的大学精神风貌和以校徽、校歌、校旗等标志性文化符号表现出来的独具特色的大学精神传统。大学制度文化是大学管理者制定的各种制度的理性原则、价值取向、道德标准、利益观念等一系列观念的体系。大学环境文化是大学文化的物化形态。大学行为文化是大学师生在教学科研、学术交流、服务、管理、生活、学习、娱乐等具有文化意义的实践活动中体现和创造的文化。大学文化具有导向作用、激励作用，能引导大学生确立正确的价值目标，引导大学生完善人格和全面发展，激发大学生的积极性、主动性、创造性。

大楼、大师、大文化的有机统一构成了今天大学组织的核心元素，支撑着大学稳步地向未来行进。

（三）大学的功能

在大学的发轫时期，它的功能是单一的，呈现出单一性的特征，随着大学的发展，它的功能也在逐步增加，由单一性向多样性的方向发展，日益呈现出多样性的特征。

1. 育人功能

西方大学从产生之日起，就把育人作为第一社会责任。约翰·亨利·纽曼从“大学是一个传授知识的场所”这一基本理念出发，认为大学的教育是通过传授知识培养优秀的人才，使学生智力发达、举止高雅、注重礼节、客观公正的绅士。纽曼在牛津大学和剑桥大学学习和工作了将近30年，他的大学理念就是英国中世纪以来古典大学的办学理念。他十分明确地指出，大学应该提倡通识教育，也就是普通教育和人文教育，要培养通才。大学应该向学生传授具有普遍意义和完整意义的知识，把人类所有的知识汇聚在大学的名下，大学是所有知识和智慧的完整王国，不应该将任何一门知识排斥在大学之外。牛津大学建于13世纪，是英国第一所国立大学。它有童话般优美的校园和古朴严谨的校风。在800多年的辉煌历史中，先后孕育出了无数世界顶尖级的杰出人物，其中包括5位国王和26位首相，几十位外国政府首脑，近40位诺贝尔奖获得者，以及一大批著名的科学家和文学艺术大师。如经济学家亚当·斯密、哲学家培根、诗人雪莱等。我国也有大批学界泰斗是从牛津大学毕业的。注重思想，更注重育人的牛津大学,它向学生传授的人生智慧举世闻名。耶鲁大学为美国培养了3位总统以及一大批社会精英。我国的清华大学和北京大学为国家培养了一大批政治家、科学家、文学艺术家,对社会的贡献十分卓著。朱镕基、胡锦涛、吴邦国等一大批政治人物毕业于清华大学,两院院士中的相当一部分是从清华园走出来的。北京大学为国家造就了一大批杰出的社会科学家。

2.学术功能

学术功能是大学的基本功能,大学不仅要继承知识,还要传授知识,创造和发展知识。德国新人文主义教育家威廉·冯·洪堡创办柏林大学之时,在捍卫传统大学理念的同时,把自然科学和社会科学研究引入了大学,扩大了大学的职能范围,他认为大学具有培养人才和科学研究双重职能,并且最终确立了教学和科研相结合的大学理念。洪堡所倡导的柏林大学的传统理念对欧洲乃至世界大学的发展都产生了广泛而且重要的影响。这一理念一直延续到今天的大学。

3.服务社会功能

大学在继承和创新知识的同时,还应当运用知识直接为社会服务。

20世纪,当美国成为强大的工业化国家时,兴起了大学应该什么样的大讨论。讨论的中心集中于大学到底是培养人才,还是进行科学研究。此时出现的第三种见解,在此扩大了的大学的功能,那就是大学还应该是一个社会服务机构。当时的威斯康星大学校长范·海斯的大学理念由麦卡锡进行总结,并且以《威斯康星理念》为书名正式出版,使社会服务正式成为大学一项新的重要职能。自此开始,以威斯康星理念为指导,以社会服务和教学、科研三者均为大学职能的美国大学模式，显示出勃勃生机。

随着时代的发展和社会对大学期待的增多，大学肯定还会不断派生出新的功能，以更加适应时代发展的新需要。近来有学者指出，从中西方大学实践、大学自身逻辑、社会发展需要和各职能间的逻辑统一四个维度看，引领社会应当是大学的第四职能。中外大学在历史上都曾经发挥过引领社会的作用。大学引领社会是引导社会走向真理，这是大学组织的内在逻辑决定的。大学引领社会是其培养人才、发展科学、社会服务的最高境界，也是大学价值的最高体现，对原来的三个功能具有价值定向的作用。大学引领社会不仅会进一步强化对社会发展的重要作用，还可以为今天的大学摆脱其工具性、功利性以及推动大学更好地回归其本真的价值追求，提供合理性的依据。这种观点具有一定的历史感，也具有一定的现实感，值得我们在此提及。

二、认识自己就读的大学

自己就读的学校，在大学四年里被称为“我们学校”。结束四年的大学生活走上社会以后，被称为“母校”。进入一所大学读书自然应当理解这所学校，了解它的历史和现实，理解它的学术和人际，了解他的教师和学生。

（一）认识学校的历史传统

了解学校的历史，不仅可以增强自豪感和使命感，还有助于科学有效地计划和实施自己的大学生活。几乎任何一所大学，都有属于自己的历史，就像每一个学生都有自己的成长史一样。当然，有的学校历史悠久一些，如北京大学和清华大学具有上百年的历史，应该具有一些沉淀的文化元素，新来的同学们应该借鉴和学习。

（二）认识学校的师资状况

一些有经验的大学毕业生总结说:“读大学,就是读老师。”新同学要花上一定的时间研究一下自己就读大学的师资情况。一般说来,每一个学校师资队伍的年龄结构、知识结构和价值追求以及文化传统是不同的,对学校师资状况的总体认识,有助于学生自身知识的学习和未来的发展规划。所在学院的教师状况是应当着力了解的,因为他们中的许多人与自己发生直接的教学关系。他们的人生观、价值观和道德信仰,在教学的互动中,对学生具有直接或者间接的影响。他们的学术引导作用,关系到自己现实的学习和未来的职业选择。

（三）认识学校的学生群体

每一个学校的学生群体的文化氛围不尽相同,只有了解自己所在学校学生文化氛围的特殊性,才能尽快地融入其中,使自己迅速成长。

第三章　大学日常生活自我管理

人的日常生活分为物质生活和精神生活两个层面。大学生的日常生活既包括物质层面的衣食住行，也包括精神层面的快乐感和幸福感，以及信念、理想和人生观、价值观的效用。大学生的日常生活管理，既包括物质生活，即衣食住行的自我管理，也包括精神生活的管理。

近年来，学者们的一系列调查显示，由精英教育转入大众化教育阶段以来，我国大学生群体生存的总体生存状况是好的，但是也出现了一些令人担忧的情况。一部分学生管理自己的衣食住行的能力呈现下降趋势。大学生中存在心理问题的比例有上升的趋势。抑郁症、自闭症等心理疾病已经成为常见。“我们并不快乐，郁闷常常相伴”成为一部分同学的共同心理感受。“总是感觉没劲，什么都不想干”是一部分同学的精神状态的真实写照。大学校园里的自杀现象，呈现出某种程度的规律性。尽管从事心理咨询的人员不断增加，但仍然不能从根本上改变现状。由就业等现实压力，引起的信念和理想的淡化，以及人生观和价值观的实用化，逐步扩大。提升大学生日常生活的自我管理能力，强化自身的身体素质和精神素质，增强大学生活的幸福感，受到社会的普遍关注。

第一节 大学生的物质生活管理

为了保证学校大学生群体正常的学校和生活秩序，国家教育主管部门对学校的日常生活和学习进行了严格的制度原则规定。每一所大学也根据这一总的原则和要求的精神，制定了自己的学生日常生活制度，以保证学生们学习和生活的正常进行，避免群体生活的无序性和冲突的发生。但这些具有外在强制性的制度不能代替具有自律特征的自我管理。美国心理学家亚伯拉罕·马斯洛于 1943 年出版了《动机激发论》，提出了人的五种需要的理论。其中生理的需要是“活着的个体”的第一需要。他认为，生理需要是人的衣、食、住、饥、渴、性等基本生理机能产生的需要。人只有解决了衣食住行问题，机体才能有活力，才能从事社会活动。生理欲望是一个人心灵深处的原始动力。人的第一需要是生活，有生活才有需要。有需要才有追求，也才有追求的成功。① 大学生群体亦是如此，大学生活的第一需要是物质生活的需要，是衣食住行的需要。应当科学地管理自己的衣食住行，保持身体的健康，为学习生活提供物质保证。

大学时代物质生活管理的重点应当是形成良好的生活习惯。包括良好的着装习惯，良好的饮食习惯，良好的居住和睡眠习惯，良好的锻炼身体的习惯。良好的生活习惯使人们终生受益，不仅仅局限于大学四年。

---

① 参见[美]亚伯拉罕·马斯洛:《动机与人格》，许金声等译，中国人民大学出版社 2007 年版，第 67 页。

一、形成规范着装的习惯

人类着衣的原始的意义，应该是为了保暖，为了抵御来自大自然的严寒和风霜，随着生产力水平的提高，特别是科学技术的进步，人类对“美”的追求增加，对衣着的要求也日益趋向于美丽和时尚。衣着成为了人们物质和精神的双重追求，体现着个体的物质水平和审美层次。女同学着装应当端庄大方。作为正在接受高等教育的女性，大学女生的穿着应当提倡端庄大方的原则，既要展示出年轻女性的青春靓丽，又要显示出知识女性的美而不俗。某大学的网上论坛，曾经专门发起过对女同学着衣状况的讨论，引起了同学们的广泛参与，相当一部分男生对女同学夏季的着衣状况表示不满，有的甚至说：“女生穿得那么暴露，是不是对我们的性骚扰呢？”犯罪心理学家的研究证明：女性衣着过于暴露是诱发性犯罪的重要原因。大学校园具有完备的安保制度，虽然发生性暴力的概率很低，但对有的男性同学，可能会造成一定程度的视觉刺激，造成不良的心理反应。郑重建议到了秋冬季节，仍然热衷于“衣不遮体节约型”女生们，采取切实措施，迅速“脱贫”，率先解决自己的“保暖”问题。我国博大精深的中医学的研究表明，神阙穴（肚脐眼）长期暴露在外面，毫无防范地经受秋冬季节的风寒侵袭，会严重影响肠胃的健康。情况严重者，还会影响以后的生育。由此看来，女同学穿着过于“清凉”，不仅男同学是一种感观刺激，而且会对自己造成损害健康的严重后果。男生的衣着要干净利落，展示出青春的朝气。那种没有清洗干净的皱巴巴的衣服，不应该在公共场所出现；穿着短裤、背心、拖鞋去教室上课的现象，应当杜绝。不修边幅不是一种时尚，更不是一种风度，是没有文化、没有修养的表现。

不管男生女生，衣服都必须及时清洗，被子要定期晾晒、定期清洗。换季的衣物要妥善保管，避免滋生病菌。

二、养成良好的饮食习惯

学校的食堂应当是就餐的首选。尽管学校的食堂比校园周围小餐馆的味道要逊色一些，服务人员也缺乏热情，但食品安全是有保证的。个别同学不吃早餐，这是非常不好的。早餐不仅一定要吃，而且要吃饱、吃好。家庭经济条件好的同学，最好每天早餐吃一个鸡蛋，喝一杯牛奶，以保证身体所需要的充足营养。没有必需的原因，同学之间可以不聚餐。即使有“必需”的原因，聚餐时也应该遵循健康的方式。女生最好不要喝酒，尤其是烈性酒。男生喝酒也要适量，不要赌酒。过多地饮用烈性酒，会对身体产生伤害，有时还会引发打架、斗殴等事件。社会上所谓“酒品就是人品”的说法，完全是喝醉以后的胡言乱语。女生应少吃或不吃零食。吃零食是女生常见的生活习惯，而且以甜食居多，不利于身体的健康。有的同学甚至在上课的时候也旁若无人地吃零食，完全不顾及老师和周围同学的感受，显得缺乏教养。不管男生女生，都要尽量避免在路边的小吃摊上随意吃东西，保持饮食的卫生和洁净。

三、养成良好的居住和睡眠习惯

每一所大学，都为同学们提供了必要的住宿条件。学生宿舍既是学生住宿休息的地方，也是孕育和传承大学文化的地方。学生宿舍文化，是大学文化的重要组成部分。在学生宿舍里集体居住，既可以保证生命财产的安全，又可以接受校园文化的熏陶，还有利于同学之间的相互交流，具有有利于自身成长与成才的多重效益。学生个体如果去校外租房居住，游离于群体生活之外，脱离大学文化的氛围，脱离自身所在的群体的人际环境，对自身的成长具有极大的负面影响，得不偿失。建议同学们如果不是出现十分特殊的情况，最好不要去校外居住，不要离开自己生活的群体。

充足的睡眠是消除疲劳的最好办法，也是精力充沛的重要保证。睡眠不足的人就会打瞌睡、精神萎靡不振，总有疲劳的感觉。专家们认为，每个人每天甚少要保持 8 个小时的睡眠，如果有的人常有疲劳的感觉，还应当再多睡 1 个小时。英国长期研究睡眠的专家告诉人们：缺少睡眠，会严重影响人们的创造力的培养。人的记忆力在睡眠状态比在清醒状态更好。如果刚刚记住了一些资料，比如一个方程式、一首诗等，最好马上睡上一小会，这样会记得更牢，40 分钟左右的小睡，大量的信息就会被下载和存放起来，不会再被海马区域正在编码的新信息扰乱。

四、养成良好的锻炼习惯

锻炼的方式可以根据自己的爱好来选择，但每天必须安排一定数量的时间，进行一定量的锻炼。

走路是锻炼身体最为简便的方法。大学时代，一定要养成走路的好习惯。一位 80 多岁的老教授告诉人们他长寿的秘诀："能走路的，绝对不骑自行车；能骑自行车的，绝对不坐公共汽车；能坐公共汽车的，绝对不坐小车。"老人家经常步行去 5 公里以外的超市购物。到外地参加学术会议，也是坐公共汽车去火车站，尽量不坐小车。给研究生或本科生上课，也从来不坐电梯，不管教室在几层楼都是走着上去。许多知名人士也都是以走路为主要健身手段的。据记载，马克思和列宁，都有散步的习惯。曾经走过两万五千里长征的朱德总司令，到了晚年仍然坚持每日散步三次。改革开放的总设计师邓小平，在史无前例的“文革”中，离开北京，到江西一个小工厂当厂工。他每天都是步行上、下班，以此锻炼自己的身体。为继续为党和人民工作，积蓄物质和精神的力量。当年的“邓小平小道”也已经成为被人们称道的历史遗迹。步行去教室、图书馆、食堂，既可以起到锻炼身体的作用，还可以利用步行的过程，思考问题，交流信息。急匆匆大步走向教室、图书馆的矫健身影，是学校一道靓丽的风景，是学校的生机与活力之所在。在晚饭后的黄昏，同学们一起散步，可以放松紧张的身心，对于消除疲劳，增进健康大有益处。“饭后百步走，活到九十九。”良好的步行习惯，不仅可以带给我们身体的健康，还可以带给我们积极向上的生活态度和乐观的情绪以及高质量的大学生活。

学校设置的运动器材，应当充分发挥它们的作用。学校的体育馆、游泳馆应当经常光顾。家庭经济条件好的同学，在学习之余，可以去学校附近的健身房，在专业人员的指导下进行健身。

五、健康上网

对于当代大学生来说，网络无处不在，已经成为日常生活的必需品。他们在网络里获取知识，认识世界，认识社会，认识生活，结交朋友，享受着网络带来的舒适和便捷。

2010 年，北京师范大学新闻中心调研组，选取了北京大学、清华大学、中国人民大学、北京师范大学等 10 余所有代表性的高校，进行了大规模的以大学生网络学习、网络娱乐等为主要内容的调查。共发放问卷1500份，收回有效问卷1274份，并结合随机访谈和有组织的座谈。结果显示：每天上网时间在4小时以内的大学生占大学生总人数的76.8%。大约有一半的学生表示，后悔花了太多的时间用于网络，耽误了宝贵的学习时间。大学生上网的目的主要是以娱乐为主，用于学习和交流的比例比较低。数字显示，有28.1%的学生，上网的主要目的是娱乐，所占比例最高。其次才是学习和上网聊天。如何有效地利用网络为学习和交流服务，充分发挥网络的学习和交流功能，应当引起大学生们的足够重视。

建议同学们提升网络自律能力，有节制地健康地上网，把网络当作学习和交际的工具，不要当成纯粹的娱乐工具，更不能沉溺于网上的娱乐活动不能自拔，影响自己的正常生活。近些年来，大学生由于染上了网瘾而被迫中断学业的案例不断发生，由于连轴转地上网而导致死亡的事件时有发生。一些喜欢在周末或节假日到网吧“包夜”的同学，应当引起高度警觉，迅速地改掉这一不良生活习惯，避免悲剧的发生。家长如果发现孩子过于沉湎于网络，应当立即加以劝解或强行制止。形成严格遵守学校制定的日常生活管理制度的习惯。

学校的各种规章制度作为维护学校公共秩序的有效的管理手段，应当得到学生们的遵守。与日常的衣食住行有关的制度内容十分丰富：比如食堂管理制度、教室管理制度、学生宿舍管理制度、体育馆管理制度、校园交通安全制度等。遵守这些制度，并且以此为依据安排自己的学习和日常生活，会增强生活的规律性，有利于形成良好的作息习惯，有利于与同学的和谐相处。

第二节 大学生的精神生活管理

大学生精神生活管理包括两个层次的内容：一是高层次的精神资本管理，主要是信仰、人生观和价值观的管理；二是业余娱乐活动的管理，包括欣赏文学艺术作品等有利于身心的娱乐活动的管理。

一、精神资本管理理论介绍

管理学大师德鲁克提出了领导者自我管理的概念。由于过于侧重于理性思维，没有将领导者的情感和心灵纳入研究范围。美国哲学家邹哈和心理学家马歇尔，在继承德鲁克领导者自我管理理论的基础上，弥补了德鲁克研究的不足，提出了领导者精神资本管理的概念。他们认为，领导者个体的精神信仰、知识和实践所产生的优势和力量对他们的行为起着关键性的指导作用，即他们的精神品质对其管理能力的提升产生重要影响。领导者个体对自我的价值和人生的意义以及长期愿景的正确认识，对自己的工作具有重要的精神动力补充。基于这一认识，他们将精神资本定义为：个体对自我价值、人生意义、长期愿景、无意识自我的认知，并将上述因素充分融入到自己本身的工作和生活中去，从而使生活更加充实和有意义。国内学者韩勇综合国外的研究成果，将精神资本定义为：具有自我意识、自主意识和自由能力的领导者，在正确认识自己所处环境的基础上，通过合理的自我设计、自我学习、自我调节和自我控制等环节，主动调整、改造与修正自我价值、人生意义、长期愿景、无意识方面的自我认知过程，从而树立领导者本人积极的人生态度，并能够与人真诚交流，控制

不当冲动，克服不利情景，并从内心迸发出一种对生活和工作的持续热情与活力，以实现自我的人生目标，并且满足精神需求的过程。[①]

领导者自我精神管理的实践影响是显而易见的。它有助于提升领导者及其组织内在精神生活的质量。领导者对自身自我精神管理的重视，带来的是个人信仰的挺立、理想的坚毅、道德的严守和心态的平和等精神层面的充实和饱满。赢得的是上下级之间的信任和团队协作精神引领下的拼搏和竞争带来的成功的满足和快乐。它有助于提升领导者工作和生活的幸福感，提升自身的精神资本可以促进积极情绪的产生，构建工作之余的宁静、和谐和满足的精神世界，对自己的生活和工作产生幸福感。可以使领导者忘却由于紧张和单调的工作而滋生的烦恼和忧愁。它有助于提升领导者工作的责任感和使命感。没有领导者精神领域的重要元素信仰的支撑，领导者的责任感和使命感就缺乏依托的根本。具有精神资本管理能力的领导者，就会摒弃将官位的升迁作为人生追求的低层次的考量，在责任感和使命感的驱使下勤勤恳恳地工作，任劳任怨地履职，将自己的工作融入具有崇高目标的伟大事业。

二、精神资本管理理论对大学生自我管理的借鉴意义

从领导者精神资本管理理论出发，思考大学生的精神管理，我们应该关注以下方面：

（一）信仰的管理

信仰是人的灵魂的自我形象，是个体对自己生存的意义

---

① 参见韩勇：《领导者自我精神资本管理问题探析》，《北京行政学院学报》2010年第4期。

和价值、生活的前途和命运、人生的状态和归宿等命题的最高信念。作为一种最高价值目标，信仰是人类精神生命和人生幸福的最终依托，是一个人精神生活的基石，是一个人一生中的精神动力。作为人对自我超越的一种执著的探求，正确的人生信仰，能够带给大学生个体生命成长持续的动力和恒久的精神支撑。学者梅萍教授为我们列举了大学生人生困惑的三种主要表现形式，并对信仰的选择提出了个人的见解：第一，意义感的丧失与生命的空虚，是处于社会转型时期的当代大学生的最大人生困惑。他们比较注重追求生活的实际，相信多考一些证书，比多读一些哲学的书更加有用。正如石中英教授所描绘的："现代人文世界支离破碎，日益萎缩。其结果是，我们经历的社会是一个比较高级但是无论如何却不能算是幸福的社会，我们所经历的是一个整天忙碌但却不知道为何忙碌的生活……当意义失落的时候，人们如何为自己的价值与价值生活提供依据？没有合理价值依据的价值及价值生活是社会种种病态和荒谬的总根源。"①第二，成功欲望的增强与生命的焦虑，成为一部分同学痛苦的体验。价值观的多元和求职竞争的日益激烈使是一部分大学生对人生的不确定性和各种变数感到无能为力，对生活方式和人生道路的选择感到迷茫和彷徨。生存的压力使他们失去了追求理想的兴趣和可能，从而陷入对现实追求的焦虑之中。第三，人际关系的疏远和生命的孤独困扰着相当大比例的同学。为了成功，为了生存，他们放弃了理想，丢弃了信仰的追求，失去了精神的动力。没有知心朋友，缺乏社会支持。使部分大学生陷入抑郁和焦虑之中。如何管理大学生的信仰，应当是时代关注的

---

① 石中英：《人文世界、人文知识与人文教育》，《教育论与实践》2011年第6期。

焦点，也应当是大学生个体自我关注的焦点。

人生信仰是解除学生人生困惑的超越性力量，它能够引导大学生走出现实的功利主义和人生焦虑的困扰，赋予生命以终极意义，赋予大学生生命的精神支持。

1. 慎重选择人生信仰

大学生信仰认知由高到低依次是民族主义、国家主义、宗教信仰、政治信仰、家庭主义、生命崇拜、家庭崇拜和神灵崇拜。女生比男生更容易产生宗教信仰，男生比女生更容易产生金钱崇拜和家族崇拜。男生比女生对信仰有更强的情感投入，二年级的学生投入最高，四年级的投入最低。不少学者的研究成果表明，近些年来，共产主义等社会主流信仰有弱化的倾向，宗教在学生群体中的影响有逐年增加的趋势。学生对信仰的选择，存在模糊认识和一定程度的非理性。刘建军教授提出了信仰选择的四个标准，对当代人们的信仰选择具有借鉴意义。这四个标准是：一是看是否理性；二是看是否现实；三是看是否崇高；四是看是否健全。[①] 同学们选择自己的人生信仰时可以用这四个标准进行比对，看一看是否做到了科学、理性、健康和崇高，是否符合社会发展的规律，符合人生价值实现的规律，是否体现人的本质属性和个人与社会的正确关系，对人生实践具有积极的作用，能够为自身提供强大的精神支撑和价值观。只有符合上述标准的信仰才值得选择，才值得终身为之奋斗，这也能够为自己的人生带来生命的价值和生活的幸福。

2. 养成科学的理性思维方式

人生信仰的选择需要理性的支持。信仰是人们内在精神

---

① 参见刘建军《信仰与人生》，《郑州轻工业学院学报（社会科学版）》2011年第2期。

生活选择和理性化思考的结果。把信仰建立在理性的基础上，在理性与信仰之间保持必要的张力维持动态的平衡，应当是当代大学生一种健康的信仰状态。

3.坚守国家的主导信仰

社会主义核心价值体系是最适合当代中国的实际且符合社会发展方向的时代精神，他理应成为全社会的共同信仰，成为整个社会发展的精神支柱和强大力量。当代大学生应当坚守国家的主导信仰，用社会主义核心价值体系引导自己的人生方向，提升自己的生存境界。

4.积极投身于人生实践

人生信仰确立的基础是客观的人生事件，人生信仰的形成来自于个体的生命体验和社会阅历的加深和积淀。大学生确立科学信仰的基础是积极投入人生的实践活动，丰富自己的人生阅历，加之一定程度的科学理论的学习便能够形成科学的信仰选择。

（二）大学生人生理想的管理

人生理想的科学管理可以为大学生个体提供源源不断的精神动力，提升大学生活的幸福感，提升个人的历史使命感和社会责任感。历史的经验和现实的状况证明：一个人不能没有理想，一个社会也不能没有理想，一个民族和国家更不能没有理想。一个没有理想和信念的人走不远，一个没有理想和信念的社会走不动，一个没有理想和信念的民族不可能做大，更不可能做强。

1.理想的定义

理想是人类特有的精神现象，是人们对未来的憧憬、向往和追求，是人们在组织、管理、计划自己的生命活动中，建立在对现实发展的种种可能性的认识上而形成的对人类未来社会共同社会关系的一种想象和希望。其中包括三个基本因素：一是现实生活发展的现实可能性；二是人们的愿望和要求；三是人们对社会生活发展的前景的或多或少的形象化的构想。这三个方面分别体现了人们的认识意志和情感。

2. 人生理想的内容

人生理想包括社会理想、道德理想、职业理想和生活理想。四个方面内容的有机统一构成了人生理想。社会理想是指一定社会的阶级和个人对未来社会制度和政治结构的追求向往和设想，包括对未来社会面貌的预见。社会理想是时代的产物，鲜明地反映了时代的特征和历史的趋势。社会理想的具体内容随着时代的变化而变化。道德理想是人们对未来道德关系、道德标准和理想人格的向往，是一定的道德原则和道德规范在整个社会和个体人格上的体现。道德理想是一定社会条件和社会关系的产物，并随着历史条件和社会关系的变化而变化。道德关系是人们基于某种既定的社会道德意识，遵循某种既定的社会道德准则，而以某种特有的活动方式发生的社会关系。它包括个人与社会整体之间的道德关系，个人与个人之间的道德关系，社会整体与社会整体之间的道德关系。个人与社会整体的道德关系包括个人与集体、个人与社会、个人与民族、个人与国家、个人与人类的道德观。个人与个人的道德关系，包括夫妇、父子、兄弟、长幼、师徒、朋友、邻里等上下左右的道德关系。个人与个人之间的道德关系往往从属于相关个人与社会整体之间的道德关系。

3. 人生理想的作用

人生理想是人生奋斗的目标。人生理想对人们选择人生、实践人生意义重大。漫漫的人生路途，犹如大海航行。没有理想的导航，就无法面对风暴和迷雾的挑战，巨浪和狂风会使其偏移人生的航线。一帆风顺的人生旅途是罕见的,没有理想的人,很难面对人生道路上的艰难险阻和荆棘丛生。随时都会被困难和失败吓倒,从而放弃人生,抛弃人世间的阳光和雨露。没有理想就没有坚定的方向,没有方向就等于没有生活。

伟大的理想造就伟大的人生。马克思在青年时代就立志献身于全人类的解放,不寻求个人的、可怜的、有限的、自私自利的快乐。他的人生道路是坎坷的,充满荆棘的,但却为普天下劳苦大众,开辟出了一条通往共产主义理想境界的康庄大道。毛泽东在"恰同学少年风华正茂"的时候便树立了为劳苦大众主中国大地之浮沉的人生理想。在这一伟大理想的指引下,他始终以民族的解放和人民的幸福为己任,不顾个人的利益,领导了中国历史上艰苦卓绝的人民革命斗争,建立了人民当家做主的社会主义新中国,开辟了人类历史的新纪元。没有伟大的理想,哪来辉煌的人生。

人生理想是人生的精神支柱。人的生存与发展需要物质条件的保证,也需要精神的动力。人生理想就是精神的力量。一个民族有了理想作为精神支柱,整个民族就有了团结一致的基础。一个党有了理想作为精神支柱,就有了灵魂,就有了凝聚力和战斗力。一个人有了理想作为精神支柱,便具有了前进的动力。在日常生活中,有的人朝气蓬勃、积极向上、充满活力、锐意进取,有的人饱食终日、无所事事、平平庸庸、得过且过。精神状态之所以如此悬殊,是因为有的人具有远大的理想作为人生的精神支柱,有的人则没有理想的支撑。一个没有远大理想和生活目标的人,就像一只没有翅膀的飞鸟,如何能够翱翔蓝天、俯瞰大地?远大而崇高的人生理想,可以化平凡为神奇,变普通为高尚。

4.大学生人生理想管理

在追寻理想、为理想奋斗的过程中，大学生个体必须处理好理想与现实的关系。个人理想和社会理想的关系，寻求平衡点和契合点。

(1)正确处理个人理想与社会理想的关系。个人理想是指个人对未来的物质生活和精神生活目标的向往和追求。社会理想是全社会占主导地位的奋斗目标。个人理想和社会理想是辩证统一的关系。社会理想包括和反映个人理想，同时也对个人理想具有限制性和约束性。大学生个体的个人理想设计，应当主动校正社会理想的指向，将个人的奋斗目标与全社会的共同追求结合起来。

(2)正确把握理想与现实的关系。理想与现实的也是辩证统一的关系。理想是人们的奋斗目标，现实是通向未来目标的立足点和出发点。理想既来源于现实，但同时又高于现实，在一定条件下，理想可以转变为现实。

(3)在理想与现实的冲突中走向完美。当代大学生应该正视现实，面向未来，心中始终充满理想；在对理想的追求中，不断地实现自我的精神超越。要勇敢地承担起历史赋予的神圣使命，对国家和民族的未来充满信心。要立足现实，从我做起，从现在做起。要树立对共产主义理想的坚定信仰。共产主义是当今世界最为哲学和崇高的人生理想。有志于成为时代精英的年轻人，应该以共产主义作为人生的理想和信念。共产主义的产生和最终实现，是历史发展的必然，是不以人的意志为转移的客观规律。共产主义理想是建立在对人类社会基本规律进行科学认识基础上的，共产主义理想符合全人类的最高利益。共产主义理想是全世界大多数人的理想，它将给大多数人带来极大的物质利益，使全人类获得彻底的自由和解放，获得极大的人生幸福。共产主义理想是具有可实现性的，只要人们不断地奋斗，共产主义最终必将变成光辉的现实。

(三)人生价值观的管理

人生价值观是人们对人生价值进行认识的最基本的观念。因为各自有不同的哲学基础，东西方文明对人生价值观的表述是完全不同的话语体系。当代西方的人生价值观形成于19世纪下半叶，经过20世纪初的生长和发育，到60年代开始了全面的发展。它的主要特征是对传统进行反思和超越。叔本华的生命意志论与尼采的权力意志论是它的源头，实用主义的经验论和真理论是它的具体化和庸俗化，弗洛伊德的精神分析说将人生价值推向了巅峰，而萨特的存在主义更是掀起了西方人生价值意识发展的第三次高峰。叔本华的悲观主义人生价值观、尼采的超人人生价值观、弗洛伊德的自然主义人生价值观，以及萨特的存在主义人生价值观和实用主义人生价值观，都具有一定的流行基础。作为最古老的民族之一，中华民族对人类的贡献是多方面的，也是全方位的。经过几千年的文化积淀，中华民族形成了十分独特的人生价值观传统，它的精髓是我们当代青年大学生应当继承并发扬的。

1.弘扬中华民族人生价值观的精华

(1)以自信、自尊、自强为基点构成的民族意识和国家信念。同个体具有独立的自我意识一样，每个民族作为认识主体和实践主体也具有独立的自我意识，这种自我意识是民族的主体意识。从哲学意义上讲，主体意识是人自身作为主体在主客体的关系地位和作用的认识。民族的主体意识是基于对自己民族生存的周围的客观世界的认识和对自己民族的形成发展的内部相对稳定的环境的认识而形成的。作为具有共同地域、共同语言文化、共同经济生活、共同心理素质的稳定共同体，民族是在历史发展过程中逐渐形成的，同时又生活在与其他民族的共同关系之中，历史的共同前提和现实的相互交往与区别，正式形成民族主体意识的基础。一方面，本民族的成员会形成对自己本民族的共同财富的态度与认识。另一方面又会在与其他民族的交往中形成对自己民族的评价与判断。从这个意义上说，独立民主的主体意识，主要是关于民族的独立性、主动性和自觉性的认识。在全世界民族的差别尚未消失之前，每个民族都要维护其独立性，其中包括民族文化的独立。以民族的自尊、自信、自强为主要内容的爱国主义，以及为此而奋斗的牺牲精神，就是民族主体意识的集中体现。民族自信心是一个民族积极向上的自我认识和自我评价，是一个民族广泛而稳定的积极乐观的社会心理。它作为社会心理的一部分，是本民族成员对自己的生活环境、风俗习惯、语言文化等自发的一种自我关照和自我欣赏。民族自信心对社会生活和历史发展有着直接的影响和作用，他以科学的自我认识和自我评价相结合，是一种巨大的精神力量。民族自尊心是民族自信心在道德情感和道德意识上的深化，是以民族自信心为心理基础的爱国主义情感的升华。民族自信心要求本民族的每一个成员，把这种精神力量对象化，变成维护民族尊严的道德行为。为了维护本民族的尊严可以牺牲个人的一切。民族自强感是建立在民族自信和自尊基础上的坚定气概，是一个民族的志气，更是一个民族在发展过程中为了赶上超过自己的民族而形成的一种进取精神与责任意识。自信、自尊、自强是中华民族的可贵精神财富，是民族价值的体现，也是中华民族每一个成员人生价值观的体现。正是因为中华民族及其成员以自信、自尊、自强为人生价值追求，并且为此而奋斗和献身，才有了人类文化史上特有的中华民族的气节和操守，也才有了“富贵不能淫、威武不能屈、贫贱不能移”的人生品格，也才有了“三军可夺帅也，匹夫不可夺志也”的铮铮誓言，也才有了无数的埋头苦干的人，拼命硬干的人，为民请命的人，舍身求法的人……他们是中华民族的脊梁，是真正的民族魂。中华民族生存的自然环境比较优越，山河壮丽，地域辽阔，物产丰富。长江、黄河的润泽，为华夏儿女提供了丰富的物质资源。中华民族生存的人文环境自然和谐，众多的民族在共同的历史风雨中相互融合，凝聚成了多元一体的格局。中华民族的自然环境和人际环境是形成以民族的自信、自尊、自强为核心内容的国家意识和国家信念的基础和条件。建立在科学的认识和理性分析自己民族的历史和现实、贡献和地位的基础上的民族自信、自尊、自强意识和爱国信念，以及为此而奋斗的牺牲精神，是一种崇高的认识追求和价值取向，是一种科学的价值观的判断。这种人生价值没有一点狭隘的民族主义成分。不管是摆脱外敌入侵的昨天，还是实现民族复兴的今天，这种世代相传的人生价值观都是应当继承和发扬光大的。

(2)统一、和谐、利他的人生价值标准。个人和社会的关系问题是哲学领域的基本问题，也是价值领域的基本问题，对这一问题的不同回答体现着不同的哲学观，也体现着不同的人生价值观。儒家文化在中国文化中的地位举足轻重，在相当长的时间里占据着统治地位，历来被主流社会所崇尚，成为中国社会的主流。在中华民族的价值观领域，儒家文化的价值观是主流价值观，是中华民族价值观的代表。儒家文化历来认为个人是从属于家庭、家族和社会的个人，是家庭的个人，氏家族的个人，民族的个人。个人的一切都必须服从于家庭、家族和国家的需要。儒家所尊崇的最高的理想的境界是仁。孔子对仁的解释是“仁者爱人”。所谓“爱人”就是要舍己爱人、舍己利人，以他人的利益和家族的、国家的利益为人生的最高追求。所谓“克己复礼为仁”，就是要克制自己的利益，在思想上达到一种纯粹的爱人利人的仁的境界。儒家文化形成了“礼之用和为贵”的群体和谐的哲学思想和处事原则。在儒家文化看来，群体和谐是一种整体的精神。全体是个人生存和发展的前提和条件。只有作为个体的每一个人都来自觉地迎和集体的利益，个人的利益才有存在的前提，才有可能成为物质形式，个体应当为维护群体利益作出必要的牺牲。与儒家群体和谐的处世原则相辉映的是作为在中华民族的历史上具有广泛影响的道家文化所尊崇的“天人合一”的人生价值理想。儒家文化的“群体和谐”和道家文化的“人与自然和谐统一”相互作用、相互补充、交相辉映，使自然、社会和人三者成为不可分割的整体。由于我国古代的思想家们认为，维系群体和谐的纽带是道德，天人合一的中介也是道德，因而创建了一系列道德规范体系，以此来调节人与人之间的关系和人与群体之间的关系，使社会成为完美的整体。在我国的传统价值论当中，作为道德领域的善是处于“真”和“美”之上的，“善”是统领认知领域的“真”和审美领域的“美”。“善”是“真”的原则，“善”是“美”的尺度。在中国人的传统观念里，“真”不是对客观事物的真理性的认识，而是指对道德本质的真正把握和对道德行为的真诚。“美”也不是给人带来愉悦，体现人的精神自由的审美特征，而是指道德的充实与完善。至善的境界就是至真至美的境界。道德价值成为一切价值的尺度，追求“群体和谐”和“天人合一”不仅是一种人际哲学原则，也内化了个体人生的价值目标和人格自律。时至今日，这种传统的处世原则仍然具有生机与活力，在协调人与人之间的关系、个人与社会之间的关系以及人类与自然的关系时仍然具有重要的意义。

(3)积极进取的人生价值追求。人生态度是人们在一定的社会环境的影响、教育以及自我生活体验的综合作用下所形成的关于人生问题的较为稳定的自我心理倾向。它是个体对人生所持的基本人生态度，是指导个体人生活动的一种心理定向和行为表现。人生态度与文化传统和民族性格等因素密切相关。积极进取的人生态度深深扎根于我们优秀文化传统的肥沃土壤。如果我们对中国的传统文化和西方的文化进行对比的话，会发现一个十分有趣的文化现象，那就是中国文化的宗教色彩比较淡薄，而伦理道德观念却在中华文化中占据着统治地位，而它所概括的主要是人间世俗社会的人际规范。被后人称为中国传统精神文化之母的先秦文化，虽然学说众多，但没有一家是以“天国”和“上帝”为出发点。孔子和孟子从人性出发构建了各自的学说体系，管子以生活为出发点解释社会和人生，荀子从社会分工出发，老子和庄子从思维本性——道出发来认识万物和人类社会。虽然西汉时期的伦理观念乃至整个文化系统都带有浓厚的神学色彩，但西汉以后的伦理学说便逐渐摆脱了神学的束缚而与政治学说相依存了，形成了浓厚的伦理政治型风格。这种现象的形成不是无缘无故的，而是当时的政治、经济形势所决定的。先秦的诸子百家的学说产生于复杂而激烈的政治斗争中。当时浓厚的政治斗争氛围为诸子百家的学术观点提供了生存的条件，使得他们的学说，都带有浓厚的为现实政治服务的倾向。积极投入当时火热的政治生活，修身、齐家、治国、平天下，成为当时人们的追求的时尚。这种优秀的传统，经历了历代优秀知识分子的补充和发展，逐渐变成了人们一种价值观念和社会责任感,并且成为历代中国人尊崇的人生价值传统代代相传。关注民族的利益、国家的命运和民生的疾苦,是历代中国仁人志士一以贯之的普遍情怀。从被人们称之为“民族魂”的屈原,到“我以我血荐轩辕”的鲁迅,从孔夫子的“学而优则仕”,到“天下兴亡,匹夫有责”,从范仲淹的“先天下之忧而忧,后天下之乐而乐”,到“为天地立心,为生民立命”,中华民族的无数优秀儿女,被这种积极进取的人生价值传统所孕育和引导,又以自身的行动诠释和发展了这一传统。积极进取的人生态度使中华民族的优秀子孙无论身处逆境还是顺境,都仍然关心国家的利益和民族的前途。积极进取的人生态度使中华民族对未来始终充满信心。

(4)视勤劳为人生价值的尺度。中华民族是勤劳、善良、质朴的民族。勤劳和朴素的美德,经过几千年的不断升华,已经变成了中华民族性格的组成部分,变成了中华民族的特质和遗传基因。中华民族之所以能够为人类贡献出宝贵的物质财富和精神财富,创造出令世人仰慕的华夏文明,巍然屹立于世界民族之林,被人们称之为“亚洲的巨龙”,就是因为中华民族具有勤劳勇敢、任劳任怨的内在品质力量。这种深深打上了华夏文明印记的力量源泉,成为历代炎黄子孙不断进取、奋发向上的心理依据。勤劳朴实的民族心理素质使中华民族不断壮大,日益发展。不管在世界的任何一个角落,只要是炎黄子孙,就具有这种优秀的品质。在中华民族的传统价值观那里,劳动是一切价值的尺度。人们最崇尚的是勤劳质朴的品格,好逸恶劳、偷奸耍滑是被人们所不齿的。在中国古代的神话中被人们所尊崇的神,都是劳动人格的化身:女娲重整乾坤,深化宇宙;大禹治水,数过家门而不入;后羿射日,不惜牺牲自己的生命而造福人类。中华民族之所以推崇勤劳和质朴的品格，原因在于中国古代的社会经济是以农业为主要的表现形式。中华民族繁衍生息的土地是一个半封闭的暖温带大陆，优越的自然环境、发达的农业经济形势，形成了以农业经济为基本生存手段的家国一体的综合体现。自然与社会因素的综合作用形成了中华民族特定的社会心理和思维习惯，如勤劳质朴、热爱和平、崇尚中庸、习惯稳定、尊重传统等。并以此为中介，形成了具有中国特色的社会意识形态，形成了“天人合一，上下阴沉”的世界观、政治观和伦理观。

(5)崇尚德义的价值取向。德是中国哲学的一大支柱。在中国几千年的文化发展进程中，虽然有墨家的崇尚强力，法家崇尚暴力，道家主张非的非利，无为而治的思想出现，但他们都没有取得当时思想领域的统治地位，成为当时的主流思想，而只有儒家的德高于立的思想取得了思想领域的统治地位，成为当时的主导思想，并且历经几千年而没有弱化，对中国的政治、经济、文化、社会生活等领域产生了广泛而深远的影响，渗透到民族性格的意识深层。在儒家看来，道德的作用是无与伦比的，因而在政治领域主张以德为公，以德治天下，坚持反对使用法治；在对外关系上，要修文德以来之；在教育方面，要明人伦、明明德；在选择人才时，以德作为第一位的标志。在作为统治思想的儒家思想的影响下，中国人自然而然地崇尚道德，从而与社会正统的道德观念和价值取向相一致。“义”是中国哲学的另一理论支柱。“义”与“德”在传统价值领域具有同等重要的地位，崇尚德义是影响中国几千年的价值观念，它有两层含义，其一是认为物质利益具有一定的价值；其二是认为道义原则的价值层次高于物质利益。这种价值观虽然对于发展生产力，积累物质财富，具有一定的消极影响，但却有助于引导人们注重精神的追求和道德的修养，对于中华民族的历史的发展具有重要的积极意义。正因为如此，崇尚德艺，成为中国人追求的具有导向意义的人生价值取向。崇尚德艺的价值取向倡导了一种处理个人与社会的关系的良好行为模式。这有助于引导社会成员关心社会和他人的利益，把“义”与“德”作为个人安身立命的根本，使整个社会的人们充分地体会到人与人之间的相互关心相互体贴的温暖。在这种价值观的影响下，中国历史和现实中出现了许许多多“先天下之忧而忧，后天下之乐而乐”的道德高尚的有义之士。可以预言，崇尚德义的人生价值取向，在未来的社会生活中仍然会产生深远而积极的影响。

(6)自觉修身。自觉修身是实现人生价值的基点，儒家思想所推崇的做人的境界就是爱人。怎样真正做到爱人，从而达到仁的境界？孔子认为必须高扬良知，发扬本性，将心比心，推己及人。要将他人作为自己的一面镜子，反省自我，完善自我。在世界的文化史上，孔子可以算作是第一个号召人们进行自我修养、自我完善的人。他不仅在理论上阐述了修身的重要性，而且告诉人们，修身的方法就是“将心比心，推己及人”。立足于自身，严守社会的伦理道德规范，随时反省自己的言行就可以实现人生价值的最大化。世界上任何一个民族都有自己独特的发展，中华民族作为当今世界最古老的民族之一，历经5000年的历史沧桑，对人类的贡献是多方面的，也是全方位的。博大精深的华夏文明为世人所仰慕，至今仍有强大的生命力。在进行社会主义现代化建设的伟大征程中，我们必须继承中华民族优秀的传统文化，将中华民族的优秀人生价值观作为当今中国人的人生价值导向。对于今天的中国人来说，中华民族的人生价值思想不仅仅具有文物价值，它作为一种人生传统和思维模式早已经流动在人们的血液里鲜活地跳动着，时时刻刻地影响着人们的日常生活。

2. 弘扬社会主义核心价值观

到目前为止，关于社会主义核心价值观的基本内容和特征的研究成果有很多。关于社会主义核心价值观的基本特征，不同学者从不同视角对此进行了分析和概括。如有学者认为，社会主义核心价值观的特征是普遍性和大众性，民族性和继承性，先进性和推崇性，建设性和规律性。也有学者认为，社会主义核心价值观的特征，应该表述为理想性、稳定性、统摄性、共识性、建设性。还有的学者认为，我国社会主义核心价值观是在社会生活中处于主导、统摄和支配地位的主流思想意识，是指导人民群众实践的正确价值观。总的来说，学术界关于社会主义核心价值观的基本内容概括起来大致可以分为两类：一类认为社会主义核心价值观的基本内容是有一个或几个平级的关键词，并列起来组成；另一类认为社会主义核心价值观的内容是由若干要素按照其内在逻辑关联的层次关系联合而成。就这两类表述而言，前者更加注重强调社会主义核心价值观的基本价值诉求，表述简单直观，但忽略了要素之间的关联性，欠缺整体性认知；后者则从生成逻辑的角度解读社会主义核心价值观，注重各个价值观之间的内在关联，系统性较强。

从自我管理的角度，当代大学生的主要任务是弘扬和建设社会主义核心价值观，用它指导自身的学习和生活，提升自己的人生追求和精神境界。

三、利用闲暇促进个性的全面发展

闲暇作为一种崭新的生活方式和生命状态与现代人的生活质量和生活方式息息相关。英语中的“闲暇”，来源于古希腊语，泛指劳动之余可以进行的活动。马克思认为，人的全面发展是一个逐步实现的过程，不仅需要一个理想和目标，还需要工作日的缩短和闲暇时间的增加。进入现代社会以后，一方面人们的生活节奏加快生存压力增加；另一方面人们的闲暇时间呈现增长趋势。我国自 1995 年 5 月实行每周五天工作日以来，人们的闲暇时间几乎占到 1/3。对于大学生群体而言，加上寒暑假闲暇时间几乎占到 1/2，可以达到 150～190 天。应当充分利用闲暇时间这一重要的学习和生活资源促进学习和生活的发展，使之产生应该产生的效益。

闲暇时间对于大学生个体的全面发展作用明显。在学习、就业、经济、感情等方面产生的压力，可以利用闲暇时间进行必要的缓解和疏导。可以利用闲暇时间发展自己的某一种技能，培养兴趣爱好，更好地完善自己，使潜在的能力得到发挥，成为更加完善的个性载体。闲暇时间的社会活动，也有利于大学生个体的社会性的增强和社会交往技能的提升，在与他人的交往和碰撞中，学会理解与宽容、分享与合作，培养心智的成熟和人格的完善，在成功中得到自信和乐观，在失败中获得磨炼和承受。

大学生个体可以将闲暇时间的安排纳入大学生活的总体，加以科学的安排和计划。对于大学新生而言，由于尚未学会自主学习，课堂教学以外的时间，几乎都是闲暇时间，对于大部分同学来说，这些闲暇时间主要是用于娱乐活动。这个过程也可能是一部分同学必须经过的阶段。这些娱乐活动，可以调节一下枯燥的学习生活，转移一下注意力，缓解新生思念父母和家乡的情绪，还能够愉悦身心，增进与同学之间的交往。但娱乐活动必须有计划、有节制的安排，不能因为沉迷于这种活动，形成随意旷课的习惯。

第四章　情绪自我管理

情绪自我管理对于大学生身心的发展至关重要。良好的情绪管理有助于提高大学生参加社会活动的积极性，有助于消除自卑、郁闷、烦躁等不良情绪的干扰，有助于大学生的社会交往意识的提升，形成良好的人际关系环境。情绪健康是大学生心理健康的重要指标，情绪异常很可能是心理异常的反应。

第一节　大学生活中的不良情绪

情绪是人们对客观外界事物态度的体验及相应的行为反应，是人的大脑对客观外界事物与主体需要之间关系的一种反映。它是以人的需要为中介的一种心理活动，当外界事物符合主体需要时，就会引起积极的情绪体验；反之，就会引起消极的、否定的情绪体验。大学生处在青春期的后期，情绪体验丰富、波动较大，很容易产生不良情绪，进面降低学习效率、生活质量，乃至影响身心健康。专家们普遍认为，大学生情绪健康有四个基本标准：情绪的目的明确；情绪的表达恰当；情绪反应适时、适度；积极情绪多于消极情绪。情绪健康的大学生的行为表现应当是：能够保持正确的自我意识，具有一定程度的自知之明，接纳自我，包容自我。能够保持和谐的人际关系，乐于与老师和同学交往，有一定数量的朋友。能够及时正确地表达自己内心的真实感受。能够面对现实，具有对周围环境的适应能力。能够控制自己的情绪，保持稳定的心境，符合常规地表达自己的喜怒哀乐等情绪。

大学生个体的不健康情绪，也可以称之为“劣行情绪”，是一部分同学在大学生活中，遭遇到的一些不愉快甚至是痛苦的情绪体验，这种情绪就是我们常说的负面情绪。据报道，有关部门曾在全国范围内对12.6万名大学生进行抽样心理健康调查，结果显示，有20.3％的学生存在心理问题。[①] 主要表现为恐怖、焦虑、自卑、抑郁和强迫症等。在高校退学的学生中，有一半以上的直接原因是心理问题，自杀和他杀现象的出现，也与不良情绪有关。现将大学生群体存在的负面情绪归纳为以下七个方面：

1.焦虑

焦虑是人们在生活中预感到一些可怕、可能造成危险的或者需要付出代价的事物将要来临，而又感到对此无法采取有效措施加以预防和解决，而产生的紧张期待的情绪。通俗一点表达，焦虑就是当人们对一件事情情况不明，感到没有把提，无能为力，而产生的担心和紧张的情绪。其主要表现是：烦躁不安、注意力不集中、失眠等。焦虑的情绪对于大学生个体来说，会使他们缺乏自信，学习效率低下，注意力不集中，被莫名其妙的紧张感所困扰。

---

① 参见程贵林：《大学生不良情绪及其自我调适》，《经济研究导刊》2012年第2期。

2.抑郁

抑郁是一种持续时间较长的低落、消沉的情绪体验，它常常会与苦闷、不满、烦恼、忧愁等情绪交织在一起表现出来。常见的症状是：情绪低落、心境悲哀、孤僻多疑，对生活的强烈无望感和无助感。大学生群体抑郁状态的产生，多由于长期的努力学习总是达不到理想的效果，以及失恋、人际关系不协调等因素而形成的。大学生中被抑郁情绪困扰的学生具有一定的比例，如果得不到及时的化解，会对正常的学习和生活造成一定程度的负面影响，严重的会患上抑郁症，沉溺于个人的世界里，不能自拔。有的则会成为网络世界的奴隶。

3.冷漠

这是当今社会流行的一种不良情绪。在今天的社会生活中，“热心人”变得越来越少，助人为乐的社会行为变得难能可贵。尽管主流社会大力提倡助人为乐，但远远达不到社会公众的心理预期。冷漠也是大学生群体中十分常见的一种不良情绪。它的外在表现是：对学习没有热情，对老师和同学冷漠淡然，对班级集体的活动没有任何兴趣，就是我们常说的“连玩都提不起兴趣”。这是较为典型的在对于外在环境中的挫折进行自我退缩的心理反应。

4.易怒

愤怒是当客观事物与人的主观愿望相悖时产生的强烈的情绪反应，如容易发火、脾气暴躁等情绪状态。发火会对个体的身心产生伤害。医学研究显示，人在发怒时会变得心搏加快、心律紊乱，严重时会发生心搏骤停，甚至猝死。发怒还会造成人的理智水平的降低，思维阻塞，造成由于过激行为的出现形成的物质损失和人际关系的损失。严重的会出现违法犯罪行为，造成严重后果。在学习和生活中，有的同学遇到一点小事便发脾气，有的是无缘无故地发脾气，让身边的人觉得完全是莫名其妙。一些违法乱纪行为的发生，一般也是在个别同学发怒失控的情形下发生的。

5. 压抑

一部分学生由于没有或者缺少表达和宣泄的渠道，不能完全表达内心的体验，因而产生压抑的情绪。

6. 嫉妒

嫉妒是由于他人在某一些方面胜过自己而引起的不快甚至是痛苦的情绪体验。主要特征是把别人的优势当成自己的威胁，因而感到心里不平衡，甚至愤怒和恐慌，于是借助贬低和诽谤、报复等手段，来求得心理的补偿，以摆脱恐惧和愤怒的困扰。嫉妒是大学生中普遍存在的不良情绪，他人超越自己的一切优良表现，都会成为嫉妒情绪出现的温床：得知自己的同学找到了比自己女朋友漂亮的女朋友，嫉妒的情绪便会立即出现；听说室友找到了一份待遇优厚的工作岗位，酸水立刻涌上心头；得知自己的舍长评上了国家奖学金，顿时醋意大发，马上想到要搞一份检举材料，发往校长信箱。

7. 孤独

相当一部分同学的自卑感来源于对自己的评价过低，自卑感的存在影响了学习的进步和同学之间的交往，有意无意地将自己变成孤家寡人。自卑感是由于某种原因产生的对自我认识的一种消极的情绪体验。表现为对自己的能力和品质评价过低，怀疑自己，看不起自己，担心失去他人尊重的心理状态。大学生的自卑感的表现是：害怕失败、遇事退缩、自我封闭等行为。也有的表现为不承认自己的不足并极力加以掩饰，力图用自我炫耀和自负表象，让他人察觉不到自己的自闭。

普遍存在的不良情绪对大学生群体的健康成长的负面影

响是显而易见的。不仅影响他们的生理健康，也影响他们的心理健康，造成生理和心理的双重损害。只有设法疏导负面情绪，培养积极的情绪，才能增强大学生活的幸福指数。

第二节 不良情绪管理

情绪是人们对客观外界事物态度的体验，是人们的大脑对客观外界事物与主体需要之间关系的一种反映。

一、“愤怒”的化解

愤怒是一种不良的心理状态，人在发怒的时候，会排斥一切智慧和理性，产生十分愚蠢的过激行为，释放具有极端破坏性的负面能量，造成难以弥补的损失。在损害自身健康的同时，也会对他人造成精神或物质的伤害。愤怒是大学生常见的不良情绪之一，每一个同学都有想发怒的时候，应当学会理性地对待愤怒，化解愤怒。

（一）改变理想化的认知方式习惯

研究表明，理想化的认知方式习惯，是产生愤怒的根源之一。生活在大学校园里的同学们，如果不想被愤怒的情绪所困扰，就应该改变理想化的认知方式习惯，多一点面对现实的理性思考和科学观察。在我们生活的社会，富裕与贫困共处，文明与野蛮随行；在我们学习的校园，高雅和庸俗结盟，崇高和卑鄙孪生。既有师生之间的父子情深、同学之间的情同手足，也有学术腐败和银行卡的不翼而飞；既有谈吐儒雅、风度翩翩，也有明争暗斗、相互诋毁；既有日常生活中的亲密牵手，也有评奖学金时的大打出手。无论是对世界的审视，还是对社会的观察，包括对自己身边的人和事，我们都应该具有辨证的思维和科学的审视，不宜一味地理想化认知。

（二）设法控制愤怒

愤怒的冲动是人们在受到外界的强烈刺激后，言语和行为出现非理智化的一种心理状态。在学习和生活中，产生愤怒的情绪是正常的。据美国应激反应专家理查德·卡尔森的研究，人们80%的愤怒是自己造成的，也必须靠自己加以控制，因为它是后天的反应。为了控制自己的愤怒情绪，避免其脱缰和失去约束，人们发明了许多方法，林则徐在自己的房间里挂上写有“制怒”二字的条幅，随时提醒自己，当愤怒的情绪在大脑中出现时，保持清醒的理性主导。面对极个别同学的蛮横和多次无理的挑战，面对个别老师无理的指责和大庭广众之下的令人难以忍受的挖苦和讽刺，肯定会怒火中烧，难以控制自己的情绪。但是，应当努力克制自己的愤怒，做到定心、定气，还可以通过运动等方式，进行必要的情绪疏导，避免愤怒的情绪变成发怒的现实。

（三）研究一下自己的“怒气”

对自己的愤怒进行研究是非常必要的。有的同学经常发怒，是由于自身性格的原因；有的是因为身体上的原因，比如患有某种疾病，致使发怒的情绪很难控制。建议经常发怒的同学，记录自己每一次发怒的时间、地点、起因、事件的全过程。在自己冷静下来以后进行分析。在对记录的资料进行分析之后，一定可以找出规律性。在探明自己发怒的原因之后，便可以有意识地进行调整，疏导自己的怒气。

二、“焦虑”的排解

焦虑是指内心感受压力、冲突与矛盾而感到紧张，心情不能放松、不能平衡的一种非健康心理状态。外在表现为压抑、烦躁、不满、易怒、冲动、非理性等情绪。据专家们的调查，我国大学生中有 10%～40%的同学存在着不同程度的心理不适，其中焦虑情绪的发生率较高。虽然社会的全面进步让社会成员的幸福感越来越高，但对于大学生群体而言，由于社会竞争的加剧，特别是就业等方面压力的增大，加之一些同学个人的原因，患焦虑的人数有所增加。尽管适度的焦虑对大学生的学习和生活具有一定的积极意义，但持续严重的焦虑却会导致机体免疫机能降低、内分泌紊乱，从而损害健康。被焦虑所困的大学生，轻者抑郁自闭、社会交际能力差，重者会自杀。应当引起我们的关注。

学习性焦思和社交性焦虑是大学生焦虑的两个主要方面，其中又以社交性焦虑最为突出。社交性焦虑的排解，应当从日常的社交行为开始。

1. 不要经常发出抱怨之声

心理学家的实验证明：喜欢抱怨的人，情绪总是处在焦虑之中。在学习和生活中，没有一点抱怨的情绪产生是不可能的。聪明的同学能够运用自己的理性加以适当的调节，运用积极的情绪加以化解，不让抱怨情绪成为主导。

2. 对同学和老师要有基本的信任

研究发现，经常怀疑别人的行为和态度背后动机的人，容易产生焦虑的情绪。只有对同学和老师具有基本的信任，才能消除人际关系的疑虑，使自己的情绪处于正常状态。

3. 不要企图取悦所有的人

企图取悦所有的人，是产生焦虑情绪的重要原因之一。生活的经验告诉我们，即使是具有高超社交能力的人，也不可能让所有的人对其感到满意。一个人被另一个人或者一群人反感，乃至讨厌，都是正常的现象。完全没有必要过于在意，只要自己不讨厌自己，就足够了。“我没有必要取悦所有的人，就像所有的人没有必要取悦我一样”，完全可以此作为与人相处的原则。

4. 对人对事要有自己的主见

对常感焦虑的同学进行观察，发现他们往往对人对事缺乏主见。常见的情况是，他们往往觉得他人的观点都有一定道理，就是没有属于自己的道理。由于缺乏主见，他们显得十分善于“学习”与“模仿”，被他人的观点和行为所牵引。

5. 不要当生活的旁观者

现代领导科学的理论认为，每一个团体中都有四种人：第一种是领导者，在团体中发挥引领和导向作用。第二种是支持者，是团体事业发展的骨干力量。第三种是反对者，在团体的事业进展中，发挥负面的影响和作用。第四种是旁观者，在团体的各项事业中，不发挥任何作用。有意无意地将自己从群体中游离出来的旁观者，以“看客”的身份看待自己的团体，拒绝参加集体活动，带给自己的往往并不是快乐的体验，而是被冷落的“不爽”。

三、“孤独”的分解

孤独是一种与大量不幸认知、社交能力不足、人际关系的无效以及由此产生的不满和焦虑有关的情绪状态。我国学者朱智贤对孤独的定义是：人处在某种陌生、封闭或特殊的环境中产生的一种孤单、寂寞、不愉快的情感。孤独是普遍存在的情绪体验，已成为现代人的通病。①

---

① 参见谢鹏飞：《与孤独同行——关于孤独感的个人成长探索》，南京师范大学硕士学位论文，2011 年。

(一)大学生孤独感的现状

研究表明,孤独感在当代大学生中普遍存在。经常或偶然感到孤独的比例高达 83.9%。著名心理学家阿尔波特的研究成果表明,健康的人格具有六大特点,其中第一个特点就是具有自我延伸的能力。健康人格能使人具有十分广阔的活动空间,有许多朋友和爱好,并且在政治、社会或宗教方面也较为积极。孤独者则恰恰相反,他们不愿意参加交际活动,朋友也很少,并且没什么爱好。孤独者对他人来说,不具有人际关系的吸引力。因为人们往往愿意与那些真诚、友善、富有同情心的人交朋友。调查显示,在校大学生受人际关系轻度困扰者占 38.51%,严重人际关系困扰者占 15.06%。调查发现,25.4%的学生经常感到寂寞和孤独,13.6%的学生与同宿舍同学的关系处理不好,40.5%的学生认为,最好与同学之间保持一定的距离。[①] 孤独感产生的原因是非常复杂的,可将其大致归为五类:早起依恋方式、人格因素、个体消极的认知和应对、社交技巧的缺乏、社会性忽视。有的学者认为,人格特质、应对方式、社会支持、自我评价、归因方式等对孤独感的产生也有影响。大学生由于个性的差异,孤独感的外在表现不同,产生的原因也不尽相同,诸如不健康的人格状态、不正确的自我指向、不合理的自我评价、错误的归因方式、家庭的教养方式等因素,都有可能对孤独感的形成产生影响。尽管一定程度内的孤独具有一定的积极意义,但超越一定程度的孤独感便会诱发心理疾病,影响大学生个体的发展,应当学会积极应对,摆脱孤独。

---

① 参见吴磊等:《地方高校大学生人际交往状况的调查》,《江西理工大学学报》2006 年第 5 期。

(二)大学生孤独感的分解

学校应当为学生营造良好的学习环境,为学生提供有力的社会支持,是因为大学生学习和生活的环境是学校,在孤独的应对方面,学校有着重要的影响。应当构建和谐的校园人际环境,营造积极向上的宿舍文化。家长应当充分考虑子女的心理发展特点,营造和谐、民主的家庭氛围,平等地与子女进行交流,倾听他们的想法,理解他们的想法,做子女坚强的心理后盾。大学生个体应当加强人际交往,建立和谐的社会支持系统,融入大学生活,与同学和老师共建和谐的交往平台,减少诱发孤独的外部条件。

1.“自我表露”的概念

“自我表露”的概念是由人本主义心理学家宋拉德 1958 年首先提出的。他认为,自我表露就是个体让他人了解到自己的真实感受和想法。后来的学者重新界定了这一概念,认为自我表露是指个体表达和展现自我,以使他人能够认识自己的行为。我国学者将自我表露的定义表述为:个体自愿地将自己的真实想法、情感、经历等信息以言语的形式传达给他人的行为。由此定义出发可以看出,自我表露具有三个方面的特点:自愿性、真实性、私密性。在社会传播方式日益现代化的今天,自我表露的方式已经变得复杂和多样,包括电话、短信、QQ、微信等方式。

自我表露对个体具有重要的价值。它有利于加深个体对自我的了解,有利于个体的身体健康。弗洛伊德早就发现,当人们努力回避了解自己时,他们就会生病。因为人们通过向别人表露自我而逐渐了解自己后,才能变得健康或保持健康的状态,不良的情绪也同时得到了宣泄。自我表露也有利于个体的心理健康,研究表明,它与心理健康呈正相关,是健康人格的重要标志，也是形成健康人格的重要途径。自我表露可以显著降低焦虑、孤独、抑郁等负面情绪。自我表露还是表达和衡量人与人之间亲密关系的重要指标，研究表明，个体的自我表露水平对特定的人际关系，如友谊、爱情等都具有显著的影响。大学生个体对父母表露的关于学习、生活、交友方面的情况越多，表明与父母的关系越亲密、融洽。与朋友的表露程度越高，说明其友谊越深。自我表露与爱情关系的质量同样具有积极的联系，与爱情的满意度紧密相连。

互惠性是表露的重要特征。自我表露在人际交往中的作用，主要是通过互惠性实现的。自我表露的互惠性特征的具体表现是，一方愿意敞开心扉，进行深层次的自我表露时，另一方也有可能进行坦荡直言的表露。如果一方是“逢人只说三分话，未可全抛一片心”，那么对方也一定是浅层次的表露。自我表露在发展、保持和深化人际关系方面具有重要作用。学会自我表露，是解除孤独情绪困扰的有效途径。

2.以“自我表露”理论为指导，摆脱孤独感的困扰

具体的做法是：每天早上起床时，向离自己最近的同学打个招呼，只要一句话：“早上好！”这是行动的第一步。排队就餐时回过头来与后面的同学聊天，只需两三句，这是第二步。有同学主动向你讲述快乐与不快乐的事，请报以关注的目光，认真倾听，适当的时候随声附和几句。这样你就在分享他的痛苦与快乐，就走出了摆脱独孤的第三步。在此基础上，通过深层次的自我表露，交到一两个好朋友，进一步融入大学的群体生活。

大学生群体是生活在大学校园里的一个重要群体，这个群体与教师群体共同构成大学的人际环境。每位同学都在大学生群体中生活，并且通过与老师及同学的交往确认自我，发

现自我，提高自身的能力。大学的群体生活为培养同学们的社会交往能力提供了条件。在大学生活的正式群体中，班级群体是最基本、最重要的群体。班集体的生活可以增强每一位同学的力量感和自信感。在班级中，同学们通过面对面地交换意见，组织一些小型的活动，共同完成某些任务，为了共同的目标去进行一些行动等方式，增进同学之间的友谊，强化个体的自信心。有了班级的支持，有了同学做后盾，个人的信心便增强了，心理力量也增强了。

班集体的生活，还可以使同学们获得安全感和归宿感。本班级同学之间通过经常性的联系，加深了互相之间的了解和友谊，就从某种意义上避免了或减弱了单个人容易萌生的孤独感和空虚感，使个体从群体中获得被爱护和关心的心理需求的满足，心理上的安全感也油然而生了。班集体的生活，还可以促进大学生的社会化。因为班集体为每个学生都提供了社会化的机会，既激发了同学的社会责任感，又培养了工作能力，还学到了为人处世的一些方法以及如何改变自己的不足。大学的班集体，最终带给每一位同学的是独特而成熟的个性，成为具有适应社会基本能力的合格的社会成员。除了正式群体之外，大学校园还有一些非正式群体。正式群体和非正式群体的活动都有助于孤独者重塑自我。

树立远大的学习和生活目标，并且将自己的目标在一定范围内公布，也是远离孤独感的有效方法。人的行为乃至全部人生活动，从根本上说是受世界观、人生观的制约和调节的。同学们有了正确的人生观和科学的人生追求，对生活的理解和对人生的看法比较正确，对人生有执著的追求，那么在日常的大学生活中就会显得有热情，有激情，显示出奋发向上的精神，就会有做不完的事，就不会有孤独感。如果对人生的看法不正确，不科学，缺乏生活的信心和远大目标，那就会显得目光短浅，甚至是鼠目寸光，就容易沉湎于个人眼前的一些不顺心的小事，精神萎靡，形成孤独的个性或者是喜怒无常的个性，不仅很难实现自我的完善，也不会在群体中找到自己应有的位置。许多专家都注意到，在目前的大学生群体中有一部分“孤独者”，他们有意无意地将自己游离于群体之外，排斥群体，脱离群体，以“孤独者”的身份靠自己的力量发展。他们中的一些同学奉行“人们的历史是他们个体的历史”的人生信条，崇尚“每个人的自由发展是一切人的自由发展的条件”的观点，没有认识到群体生活对个体成长的重要性和不可缺少性，把群体视为个体成长的对立面。这种不正确的人生观有可能是造成部分同学成为孤独者的根本原因。

四、“嫉妒”的克服

嫉妒是一种恶劣的情绪。嫉妒心理是一种常见的心理现象。研究显示，几乎每个人身上或多或少都有一些嫉妒心理存在。从某种意义上说，嫉妒心理是上进心的变态反应。没有嫉妒心理的人，也很难有上进心和进取精神。但嫉妒心理必须控制在一定范围，不能任其泛泛。如果任其发酵，就会演化成一种比仇恨还恶劣的情绪，严重影响自身的学习、生活和健康。年轻人可以有自尊心和上进心，但千万不要有嫉妒心，更不可形成嫉妒别人的心理习惯，应当学会在日常的生活中分享他人的成功和快乐，最终也能让他人分享自己的成功与喜悦。嫉妒心是形成良好人际关系的大敌，嫉妒心强的人，往往虚荣心也很强，很难容忍别人超过自己。他们在日常的生活和工作中，总对自己近距离的同事、领导或同学心怀不满，有时甚至不择手段地败坏他们的声誉，诋毁他人的成就，甚至是损害他人的人格，为他人继续发展设置种种障碍。其最终的结果是人际关系极度恶化，不仅严重阻碍了自身的进步，也干扰了他人的正常发展。嫉妒的产生，在很大程度上，来源于个体自身对信心和能力的担忧。具有强烈的自信心和较强能力的人，一般不会担心别人超过自己，因而也不嫉妒他人的成功，还会对同学和同事的成就感到敬佩和兴奋，发出由衷的赞叹和祝福。对自身的能力没有信心的人，因为担心别人的成就会使自己变得渺小，而自己又不具备同他人竞争的条件，因而只有“嫉而妒之”。克服嫉妒心理，可以从以下两个方面考虑：

（一）占领心理的高地

养成优秀的习惯，以优秀者和胜利者的心态看待人和事。即使自己的学习和生活方面的状态，并不令人自豪。大学四年，应当看重自身的学习能力和做人修养的提升，不要过多追求考试成绩的排名和奖学金的多少。在学校里所取得的优异成绩，与走向社会以后的发展和成功没有多少必然的联系。据笔者长期的跟踪观察，走向社会以后，在事业上迅速发展的学生，并不是大学时代的学习成绩优秀的学生。许多在大学时代风头出尽的“学习标兵”，各种奖学金获得者，在工作岗位上很长时间找不到感觉，有的十多年以后，仍处在徘徊和徬徨中。在大学时代默默无闻，甚至是调皮捣蛋的“坏学生”，有的倒是如鱼得水，进步之快让老师难以置信。这一现象是真实的，也是有趣的，更是值得我们深思的。给同学们的启示是：人生真正的精彩，不在大学校园，全在走出校门之后。一位同学在大学里不受老师喜爱，他留给同学和老师印象最深的事情有两件：一件是他是全班最早谈恋爱的同学，曾被辅导员多次谈话，但仍然我行我素。第二件是因为在寝室打麻将而旷课，被系里的副书记发现，受到公开批评。在毕业十年返校聚会的时候，他是班上为数不多的几名副县级干部之一。

(二)增进与同学的了解

心理专家的研究表明，具有嫉妒心的同学，往往过于看重他人的优点，而忽视自己的优点。他们往往有意无意地放大了他人在某些方面的长处，而缩小了自己在某些方面的长处。以自己的缺点去与其他人的优点相比，当然觉得心里酸溜溜的。在与同学的相处中我们发现，有些同学的嫉妒心理完全是由于误会造成的，在他妒忌一位同学某些方面的长处的时候，他所妒忌的对象也正在妒忌他。这是一种非常有趣的现象。如果两个人能够互相沟通，甚至敞开心扉，完全有可能成为一对非常要好的朋友，在学习和生活中，互相促进，共同进步。笔者曾经做过一个试验，让一个小组的 12 位同学，一个月开展一次“说一说其他 11 位同学优点”的活动。在笔者的主持下，每一位同学各自发表赞美其他同学优点的讲话，其他的同学进行补充和评判。一个学期以后，每一个同学的优点，都得到了群体的赞同。这个小组的同学，由于彼此之间非常了解，关系非常融洽，彼此没有妒忌和猜疑，交往频繁，共同生活得非常愉快。

五、自我情绪管理的方法

(一)心理暗示法

心理暗示对人的情绪具有很大的影响，有时候能够影响到人的认识能力和判断能力。心理暗示包括积极的心理暗示和消极的心理暗示两种类型。积极的心理暗示带来的是正面的积极的情绪。消极的心理暗示带来的是负面的消极情绪。应当学会积极的心理暗示，避免消极的心理暗示。对于常常遭受不良情绪困扰的人们来说，应当更加注重积极的心理暗示，培养乐观自信的积极情绪。国外的一些心理学专家建议人们，每天早上一睁眼，就默念三句话："我很幸福！我很健康！我能成功！"这就是典型的心理暗示法。自己在一天刚开始的时候，就为自己发出了三条重要的信息，使自己的情绪处于健康、幸福、成功的状态，以积极的情绪迎接一天的学习、工作或生活。在我国古代，人们将对人的情绪有调节作用的经典语言，写成对联或者条幅，挂在自己的书房里，营造积极的情绪场景。"宠辱不惊"，提醒自己不要因为受到重用而沾沾自喜，也不要因为官场失意而郁郁寡欢，以理性的认知对待仕途的升迁与沉浮。"淡泊名利"提示人们不要太多计较品级的高低、薪水的多少，名利乃身外之物，完全应当看淡一点。"不以物喜，不以己悲"是人间正道，"人为财死，鸟为食亡"乃世间悲剧。

（二）注意转移法

注意转移法，就是把注意力从消极的情绪领域转移到积极的情绪领域。这是消除不良情绪的基本方法之一。当受不良情绪长期困扰，久久不能摆脱时，可以通过目标的转移，寻找到一个新的刺激点和兴奋点，以抵消和冲淡原来的兴奋点，消除原来的不良感受。可以尝试着参加一些活动，诸如周末名师的学术讲座，班级之间的唱歌比赛，年级之间的拔河比赛等。也可以慢跑到几公里以外的郊区，呼吸一下新鲜空气和田园风光，会觉得心旷神怡，忧愁与烦恼被忘得一干二净。如果再来上一两瓶啤酒，两三个朋友同乐，更是惬意非常。足球比赛，去凑个热闹，当个观众，拍拍手，助助威，也能让心态更为积极。

(三)合理情绪疗法

合理情绪疗法也被称为“认知疗法”。心理学家艾利斯认为,人的情绪和行为障碍不是由于某一激发事件引起的,而是由于经受这一事件的个体对它不正确的评价和认知引起的信念,最后在特定情境下的情绪和行为结果。艾利斯告诫人们,要认识自己常有的不良情绪,并且善于发现自己这些不良的认知方式,培养一种好的自省习惯,不良情绪就会有所减少。同学们应当认识到,不良情绪不是来源于外界,而是由于自己的非理性信念。不良情绪之所以得不到缓解,是因为仍然保持过去非理性的信念。只有改变自己的非理性的信念,才有可能消除不良情绪的困扰。

(四)适度宣泄法

长期阻塞的情绪如果得不到疏通是会造成情感崩溃的。不良情结必须及时释放出来,减少累积和沉淀。常见的发泄方法有“哭、笑、说、听、写、动”等。找个没人的地方大哭一场,让泪水清洗掉内心的伤痛。大笑三声,用笑声送走失败,增强继续努力的信心。找个歌厅,放开喉咙,高歌一曲,或用一段高昂嘹亮的大喊,开阔心胸,排解烦闷。有些同学在心情不佳时,在洗漱间里一边洗澡一边大喊大叫。这样做,在不影响其他同学学习和休息的前提下,不失为一种好办法。一些同学戏称他们为“洗澡歌星”。“歌星”们则告诉同学:“你们不妨也来上两句,很是痛快!”在寒冷的冬季,一边洗冷水澡,一边高歌。既强健了体魄,又增强了意志,消除了恶劣情绪的干扰。这种方法具有推广意义。运动场上的狂奔,带来的不仅是身体上的大汗淋漓,也是情绪上的酣畅淋漓。在情绪不佳时,找人聊聊天,直抒胸臆地说出来,一吐为快,也不失为一个好办法。说完之后,会觉得轻松了许多。

需要提醒的是，一个正在接受高等教育的人，在受到不良情绪困扰的时候，应该采取文明和科学的方法加以疏导和化解，不能陷入原始的野蛮和愚昧的暴力。

第三节　健康情绪的养育

健康的情绪的拥有，既有先天因素的促成，也有后天的修炼和养成。无论先天因素如何，后天的养成都是必不可少的。

一、积极心态的养育

心态作为人的内心世界，主要有三个组成部分：态度、激情和信念。态度是心态的基础，特定对象的情感判断和价值取向，是人们比较稳定的一套思想方法、目的和主张。它一旦形成就很不容易改变。态度、知识、技巧是影响人们行为活动的三个重要因素。其中态度扮演着带动的角色，是决定人生成败的主要因素之一。一个人如果持有积极的态度，勇于进行积极的自我挑战和自我超越，便有可能成为卓越高效的人才。激情是态度处于爆发状态的表现。激情是生命的动力，人的行动就是靠激情推动的。没有激情的人，就会滋生惰性。有的学者甚至认为，激情是成功者共有的心理特征。信念是心态的最高层次，激情一旦升华为信念，短暂的激情就会转化为持久的理性行为。激情进入了信念的境界，"情"就上升到了"理"的高度。信念本身具有很强的理性成分，人们有了信念才会有大无畏的献身精神和执行行为。

积极的心态是成功学大师拿破仑·希尔提出的概念。简而言之，就是正确的心态，就是由"正面"特征组成的心态。其中包括信心、诚实、希望、乐观、勇气、进取、慷慨、容忍、机制、诚恳与丰富的常识等内容。拿破仑·希尔通过对500名伟大的成功者的观察与研究,发现了一个秘密:“每一个人的心灵都有一个法宝,它像硬币一样具有两面性,正面写着积极心态,反面写着消极心态。这个法宝的力量令人吃惊。积极心态让人积极进取,创造成功;消极心态却让人绝望,永远没有改变命运的机会。”①积极的心态可以引导人们品尝成功的喜悦,而消极的心态会摧毁人们的信心和希望。大学生个体积极心态的获得,应当思考以下元素:

(一)培育自信心

自信心是积极心态的基础。自信是相信自己有能力实现一定愿望的心理状态,是人们成功的内在心理要素之一。

自信心来源于切实可行的人生目标:大学生个体应当有符合自己实际的学习和生活目标体系,并且有实现目标的详细计划和具体措施,以增强大学生活的目的性和计划性以及针对性。列夫·托尔斯泰不仅是文坛巨匠,还是善于对自己进行目标管理的专家。在他的目标体系中,既有一辈子的大目标,也有一段时期的分目标和一个阶段的具体目标,还有一年的目标,一个月的目标,一个星期的目标,一天的目标,甚至包括一小时的目标,一分钟的目标。详细的人生目标,使列夫·托尔斯泰一生始终充满信心地写作。一个人可以失败,但不可以失去信心。许多杰出的人物都是从失败中成长起来的,优秀的大学生也会经历形形色色失败的考验。应当从失败中悟出成功的道理,充满信心地走向成功。

---

① [美]拿破仑·希尔:《成功学全书》,刘津译,北京工业大学出版社2011年版,第94页。

（二）培育进取心

进取心是一种内心的推动力量，是人们生命中最神奇和最有趣的元素。美国成功学大师拿破仑·希尔认为，进取心是一种极为难得的美德，它能驱使人们在不被吩咐应该做什么之前，就能主动地去做应该做的事情。他在研究了美国最为成功的500个人的案例之后发现，他们具有的共同元素就是进取心。[①] 大学的管理者们，为同学们设计了许许多多的竞争舞台，目的就是为了激励和顺应同学们的上进心和进取心。大学生应当积极参与这些竞争活动，在竞争中不断地实现自我的超越，形成“坚持到底，永不放弃”的性格和“胜不骄、败不馁”的心态。现代科学的研究表明，一个人独自工作的效率，远不如旁边还有些人一起干的效率高。这种现象被心理学家们称为“社会促进作用”。生活的经验也告诉我们，与他人竞争是提高生活积极性的主要手段。如果有意识地躲避大学校园的各种竞争，那就在一定程度上失去了上大学的意义。

（三）培育平常心

保持一颗平常心，可以赢得良好的自我感觉，有助积极心态的持续发酵。首先，不与人比高低，一般意义上的比较，是比出高低上下、优劣异同。为了赢得良好的自我感觉，我们不妨以自己的优与他人的劣相比，其结果是绝对取胜。这样能让自己迅速忘却不快。哪怕是由于自己引发的不快，也能迅速被抛到九霄云外。其次，反复表明自己的“成功”。建议同学们建一个文件夹，将自己以往所取得的辉煌成绩，进行归纳

---

① 参见[美]拿破仑·希尔：《成功学全书》，刘津译，北京工业大学出版社2011年版，第37页。

和整理，经常阅读，还可以经常找一些欣赏自己的同学和老师聊天，听他们的鼓励和赞许。

二、保持快乐的感觉

调查显示，当代大学生群体的大多数人，在绝大多数时间段，都拥有快乐的感觉，但也有一部分同学的快乐指数相对较低。一些来自贫困地区和贫困家庭的学生，出于经济上的拮据而产生的压力，使他们的心情陷入“郁闷”。一些学习基础比较差的学生，面对林林总总的过级考试以及各种奖项的成绩要求，他们不可能不具有一定的心理压力。对就业的焦虑也在大学生群体中普遍存在。但是，大学生应该以积极的态度面对大学生活，充满希望地放眼未来，主动为自己减压，成为轻松快乐的人。

（一）助人为乐

常言道：“赠人玫瑰，手留余香”，这是许多人在帮助别人时得到了快乐的体验之后的感受。中华民族历来推崇“助人为乐”的美德，并作为优秀伦理传统加以倡导，代表中华民族未来的大学生，应当继承这一传统，并在自己身上得到发扬。

（二）知足常乐

激励原理认为，任何成功都来源于正确的目标引导。只有目标的存在，才能聚焦人的智慧和精神，进行坚持不懈的努力和奋斗，才有可能形成合作力、约束力、意志力和激情，进行不断的创造和自我超越。美国哈佛大学曾经对一届大学毕业生的目标设定状况做过调查，结果是：有 27％的学生没有目标，60％的人目标模糊，只有 3％的人有长远的目标。25 年以后的跟踪调查结果显示，3％的人 25 年间朝着一个方向不断努力，几乎都成了社会各界的成功人士；10％的人短期目标不断地得以实现,成为各个领域的专业人才,大多生活在社会的中上层;剩下87%没有生活目标的人,只关心眼前的一点利益,过得很不如意,整天怨天尤人。目标对人们来说的确意义重大,但目标的设定应当符合自身的实际。美国心理学家莱曼·波特在他的《激励与工作行为》一书中,提出了明确理论。核心观点是:一个人被激发出的力量,除了与他所追求的目标价值的大小相关以外。还和达到目标的可能性有关。他认为,激励的力量来源于两个方面:一是目标价值的大小,二是实现目标可能性的大小。快乐的生活,来源于切实可行的学习和生活目标的设计与实施,来源于不苛求自己成为完美的人,来源于去理想化和去超现实化的自我提升。①

同学们应当立足于做一名普通劳动者。高等教育由精英教育转向大众教育阶段以后,大学生中的大多数人,将来要成为普通的劳动者,成为靠自己的双手养活自己,养活孩子、奉养老人的普通人。有的人甚至只有凭借勤奋的劳作,才能获得生存所必需的生活资料。应当充分认识到一个事实,那就是真正成为社会精英的,只是一少部分人,绝大多数人与此无缘。遗憾的是,许多人对此并没有清醒的认识。有的同学尽管各方面都不优秀,但却完全缺乏做一个普通劳动者的思想准备。

大学生应学会由"普通"走向"杰出"。大学时代,立足于做一名普通的学生,这一心理定位,会带给我们快乐轻松的大学生活。但是,这并不意味着不发奋读书,追求卓越。那些立足于不普通的人,可能终生过着普通的生活,因为沉重的心理包袱影响了他们前进的速度和实效,而从一开始就立足于普

① 参见[美]波特、比格利、斯蒂尔斯:《激励与工作行为》,陈学军译,机械工业出版社2006年版,第79页。

通的人，很可能会变得不普通，还有可能被历史推向“杰出”。这就是生活的现实，也是生活的证法。无数事实反复验证着一个简单的道理：知足者常乐。

(三)学会找乐

幽默是一种人生的智慧，也是一种人生的态度。具有幽默感的人，往往是智慧的人，也是快乐的人。学子们在课余彼此的交谈中“幽”上高雅的一“默”，不仅可以娱乐自己，还可以娱乐他人，也有助于启发智慧。同学间的幽默，可以增强彼此之间心灵和情感的沟通。在愉快的笑声中，激发出思想的智慧。幽默是人们美丽心灵的充分显露，为人们提供心灵的营养。大学四年，应当可以养成快乐的习惯。有的同学家境贫寒，生活拮据，甚至入不敷出，但他们开朗乐观，积极向上。有的同学身体有些小毛病，但勇敢面对，笑口常开，快乐而十分有节制地读书、写作，既不影响学习，又不影响休息，显得“青春”而充满生命的活力。他们已经形成了快乐的习惯。一位年轻的大学教师对同学们说：“大学教师的人生是快乐的，原因有二：其一是思想自由，可以在自己的专业领域自由挥洒思想和智慧；其二是时间自由，只要完成了教学和科研工作量，就可以自由地安排自己的生活，不再受更多的约束。思想和时间的双重自由，带给了我莫大的快乐。”这位年轻教师的快乐哲学，给我们的启示是，人们完全可以从自己的生活和工作环境中找到快乐，进而成为快乐的人。大学生的快乐是，拥有自由自在的精神世界以及支配精神世界的自由。

第五章　学习自我管理

学习是人类以改变自身为主要内容和形式的活动，是学习主体通过获取知识和提高能力而使自身得到发展、完善和提高的过程。学习与人类的生存和发展息息相关。以大学生自主学习为主要表征的大学阶段的学习，主要是通过大学生个体的自主选择，自主实施展开的。自我教育的理论认为，大学生的教育主要是自己教育自己，学生在教师的引导下进入一种自己探索、自我辨析、自我历练、进而获得正确知识和提高能力的学习境界。学习的过程，是学生主动地建构知识结构的过程，是学生主动培养创新能力和实践能力的过程，是学生提示信息鉴别力和选择力的过程，是通过自我学习提示道德水平和心智能力的过程。

第一节　大学生的学习现状

学会学习是 21 世纪世界各国教学者一致的呼吁，也应当是世界各国大学生一致追求和努力的目标。我国当代大学生群体的学习积极性是很高的，这一点毋庸置疑，否则我们便无法解释每天清晨校园里朗朗的读书声，也无法解释夜晚图书馆的抢座位和教室的灯火通明。但存在的问题也是明显的。研究显示，相当一部分同学缺乏以学习自主性和主动性为支撑的学习主体意识。部分同学在进入大学以后，仍然没有意识到自身在学习活动中的主体地位，学习活动存在很大的无目的性和精神惰性。[①]

一、大学生学习存在问题的具体表现

1.学习观念滞后

新时代的学习提倡素质学习、能力学习、自主学习和终身学习等新的具有时代特征的观念。而我们的学生常常是受传统学习观念的支配，缺乏自主学习的精神，更为注重分数和排名。笔者对武汉地区的部分高校教师的调查显示：80%的教师对目前学生的学习状况不满意。他们认为，部分同学根本没有学习的个体主观愿望，因而没有学习的主动性和自主性意愿，他们的学习是被动的接受和机械的应付。

2.学习方式欠佳

大多数同学进入大学阶段以后，仍然采用被动接受教师教学的学习方式。教师仍然占据着教学活动的中心地位。有的同学甚至在走出校门之后，仍然没有学会主动学习、创新学习、研究式学习等学习方式。

3.学习动力不足

一项针对北京市两所大学的调查显示，62.6%和64.0%的大学生认为自身的学习动力不足。湖北省的一项调查的结果大致相同，66.1%的学生认为当前学习中面临的突出问题

① 参见胡炳俊、陈晓东：《近两成大学生缺学习激情》，《成才之路》2010年第2期。

是“学习动力不足”。其主要原因是缺乏明确的学习目标和急功近利的学习目的。学习目的作为产生和保持学习动力的因素，在学习中起着重要的指导、促进作用，有了明确的目的，才能有足够的学习动力。郑州一项关于“学习的第一目的”调查中，选择“完善与实现自我”的比例最高，“谋求职业自食其力”居第二位，接着是“努力提高社会地位”“报答父母”和“多挣钱追求物质生活”。这项调查还显示，目前大多数学生学习动力处于一般水平，当问及自身或周围同学为什么学习动力不足时，超过半数的学生表示自我控制能力较差，42.39%的学生表示自己比较浮，学习时无法专心，38.04%的学生表示容易受到周围不良环境的影响。①

4.学习行为失范

一部分同学以欺骗的方式获取学习任务的完成。逃课已经成为一种常态，已经成为今天大学校园的一种流行文化现象。为了应付老师的点名，学生们发明了许许多多独特的方法：寝室轮流值日听课制：每一次课，派一个代表前住，帮助记录下课堂的内容，应付老师的点名。花钱雇人替自己上课：在有的学校，出现了花钱雇人替自己上课的事情，20～30元一节。校园里出现了雇人上课的小广告，一些贫困生以此赚取一点小钱，补贴生活费之不足。关于逃课的原因，同学们的观点是：其一，老师的课堂教学的内容陈旧，根本提不起听课的兴趣。调查显示，相当一部分同学对课堂学习提不起兴趣的原因是所采用的教材的内容普遍落后于时代的发展和大学生的就业需求，教学内容缺乏时代感和应有的学术生机与知识活力，有的仍然停留在20世纪八九十年代纸质教案的水平，给

① 参见胡炳俊、陈晓东：《近两成大学生缺学习激情》，《成才之路》2010年第2期。

人一种发黄与变质的感觉。其二，教师的教学方法死板，难以忍受。我们今天大学的课堂授课方式仍然停留在19世纪的传统的接受性学习的语境中，作为学习主体的学生在学习过程中往往是被动的，学习的内容、学习的进程、学习的方式等主要由教师主导，学生基本上没有选择权，更没有决定权。学生学习是被动地接受教师传授的现成的真理和知识，主要任务是理解真理和记忆真理。学习的过程从某种意义上说，就是理解和记忆的过程，其中几乎没有创造性的思维活动。现代的大学教育应当是培养学生学习主动性和创造性的教育，充分尊重学生在学习过程中的主体地位。其三，教师上课没有情绪，他们连自己都感动不了，如何感动学生，有的老师上课就是读课件，完全没有即兴发挥下的精彩论述。

有的同学以欺骗的方式谋求考试的合格。考试作弊现象几乎在所有的大学都是屡禁不止。有人进行过专门的调查和统计，在有的学校的某些班级，作弊率约占1/3，有的高达50%。学生考试作弊的原因是复杂的，也是多方面的，但以下几种最为常见：①平时根本没有学习，只有作弊才能不挂科。②存在侥幸心理，认为不一定会被发现。③教师监考不严，为作弊提供了可操作的空间。④课余学习的时间不足。

二、改善学生学习现状的指导建议

培养学生的学习主动性，进而在主动的学习活动中形成创造性，是大学教育需要解决的重大问题。

1. 转变学习观念

学习观念是大学学习的先导，学习目的的确立、学习内容的选择、学习方法的改进，都与学习观念密切相关。结束了高中的学习生活，进入大学学习阶段以后，应当从以学习知识为主的学习，转变为以学习方法和提升能力为主的学习，从被动的学习转变为主动的学习，从单纯的知识学习转变为全面的学习，从阶段性完成任务的学习转变为终身学习，从维持性学习转变为创新性学习。

2. 转变学习方式

学习方式不是具体的学习策略和方法，而是学习主体在完成学习任务过程时的行为和认知取向。自主式、合作式、探究式是学习方式的三个基本维度。自主式学习是以学生为学习的主人，以发展学生的主动性、能动性和创造性为目的的一种学习实践活动。该学习方式对于学生改变学习态度和改善思考和交流的技巧具有显著的促进作用。合作式学习是一种富有创意和实效的教学理论和学习策略。合作式学习有利于培养学生的相互理解的能力和平等的价值观，在开展共同项目和学习管理冲突的过程中，增进对他人的了解和相互依存问题的认识。它能够显著提高学生的学习业绩，促进学生形成良好的认知品质，被人们视为近几十年最为成功的教学改革。探究式学习是一种学习者主动探求知识、解决学习中的问题的高层次的学习方式，有利于学习者的终身学习和创造性学习。

树立最新的学习观念，借鉴最新的学习方式，迅速确立在学习活动中的主体地位，提升学习的主动性和创造性是进入大学阶段必须完成的首要任务。随着学生学习活动的逐步展开，学习应当成为独立性不断提高，主体意识不断增强，学习方式逐渐转变，创新能力不断提升的过程。到大学阶段结束的时候，学生应当成为具有现代学习观念，能够独立学习、独立研究和发现真理的独立个体。

第二节　专业选择

由于历史和现实的原因，我国大学形成了自己的特色，有许多世界上其他国家的大学不具有的特征，专业性便是其中之一。我国的大学教育，从一定意义上说就是专业教育，课程设置、师资的配备、教学单位的设置等都是围绕着专业进行的。在大学的管理者那里，办大学就是办专业，在学生那里，读大学就是读专业。专业的选择是人们接受大学教育的首要的选择。

一、西方大学的专业选择

西方最早的巴黎大学和牛津大学建校的目的是培养神职人员，所有学生的课程都是拉丁文法、修辞学和逻辑学。工业革命以后，以生产为目的的流水作业现象逐渐影响到教育领域，专业的高等院校开始诞生，综合性大学也开始了分专业教学。但是美国的芝加哥大学等一些学校仍然提倡和鼓励学生博览群书，本科生文理科的课程都要学习，如文学专业要学数理课，理科专业也要选文科和社会科学的课程。在西方的很多大学，换个专业并不难。美国的高中毕业生认为，国家既然能让我们参加选举，替国家打仗，我们就有权决定自己的专业。尽管许多高中生在报考大学时选择了专业或专业方向，一旦发现不适合自己，或者与原来的专业期望相去甚远，便立即可以重新选择自己的专业，只要找对口的院系联系一下，填几张表格就可以了。在美国的许多大学，也可以入学后再定专业。为了避免学生入学后再次选专业造成时间和精力方面的浪费，索性允许甚至鼓励学生以“专业未定”的身份入学，进入大学以后，经过反复观察和比较，广泛征求教师和老生的意见后再决定学习什么专业。在很多情况下，“专业未定”的学生占新生的大多数，学校专门为他们指定指导教师，一方面帮助他们选择专业，一方面为他们选课做参谋，为了不浪费太多的时间，一般鼓励他们开始多选本科生必修的普通教育课。自己设计专业，也是一种专业选择的方式。现在美国越来越多的大学允许学生在教师的指导下，自己设计专业。有些学校干脆就称这种专业为“多学科专业”，当然，即使选“多学科专业”或者自己设计专业，仍然要有一个专业计划，完成了这个计划才可毕业，一些“专业未定”的学生最后就选了这个专业，可谓自始至终“专业未定”。

二、我国大学的专业选择

由于我国高等教育的专业性特征，决定了大学的招生是按照专业进行的，学生在选择专业的志愿时具有一定的自主权。但自己的选择（或者是学校的专业调剂）一旦被学校最终确认，就要保持相对稳定，一般是不能变更的。在今天的中国大学，对于学生的专业变更设置了一系列的门槛，总的思路是保持各专业学生的相对稳定，不鼓励学生转专业。大学生个体如果必须转专业，那就必须经过一系列复杂的程序，其中包括专业层面的考核和行政审批手续，许多学校还有明确的比例限制。一些有识之士呼吁，应当给予学生们专业选择更大的自由度。范良藻在《试答“钱学森之问”：中国如何缔造一流大学、培养一流科技人才》一文中提出了我国缔造世界一流大学的八个必要条件：第一，是大师就必须讲基础课，坚持两个第一：教学第一，培养人才第一，是大师就必须带研究生，教会研究生做基础研究，而不是搞一些急功近利的赚钱的应用课题。第二，系主任由教授轮流担任，去掉系主任的权力形象。第三，大学生是否达标，全看是否具有自学能力。第四，硕士生是否达标，全看是否会做基础研究。第五，博士生是否达标，全看是否会做自我选题。第六，允许学生有条件地转系，可到其他系旁听，要允许当场向教师提问，教学互动。第七，要明确学知识是为了获得创新能力，全信书不如无书，有所继承才能有所发展。第八，要允许质疑书本上的知识。要允许挑战权威。作者认为，欲彻底改变我国高等教育培养不出创造性人才的现状，当然需要对大学进行综合的配套的改革，增加大学的办学自由度，增加教师教学与科研的自由度与自主权，同时更应该考虑学生的自主权和选择权。其中包括对专业的选择权和再选择权。学生感觉不到自由和自主空气的大学是没有生命力和创造活力的。没有自主权和选择权的大学生也是不可能成为创新性人才的。①

三、大学生专业选择应当注意的问题

有的学者认为，我们大学生在选专业时还没有农民聪明，农民都知道政府号召什么，千万不要种什么，否则会受到极大损失。而我们的大学生则赶时髦、随大流，一窝蜂涌向所谓的热门专业，结果可想而知。著名学者易中天提出了选择专业的“四项基本原则”：兴趣原则、优势原则、创造原则、利益原则。笔者认为，应当注意以下方面：

（一）兴趣引路

笔者同意易中天先生所说的“兴趣原则”。“兴趣是最好

---

① 参见范良藻：《试答“钱学森之问”：中国如何缔造一流大学，培养一流科技人才》，《新华文摘》2010 年第 9 期。

的老师”，这句普通的名言蕴含着不普通的哲理。就专业的选择而言，“兴趣”应当是第一考量指标。由自己的学习兴趣出发，追寻大学里设置的专业，应当是大学生群体选择专业的正确路径。学习自己最心仪的专业，将来从事自己最有兴趣的工作，不管将来的经济效益如何，社会评价如何，都是人生最为快乐的事情，也存在着取得成功的潜在可能性。哈佛大学把学生分成四种：数理分析型、人际关系型、兼有数量分析和人际关系型特点的混合型、老谋深算型。这四种类型的学生呈现出不同的特点和优势与劣势。哈佛大学根据他们不同的特点进行分类培养，让每一个学生都能得到很好的发展。我们的大学由于条件的限制，目前还不可能做到哈佛大学的因材施教和分类培养，同学们只能从我国的国情出发，根据自己的特点和兴趣选择自己喜爱的专业，应当将专业选择的目标校准自己的个人兴趣，而不是社会价值的流行趋势。追求时尚是当代大学生群体的特点之一，但专业的选择不能追求时尚。人们习惯于以就业率为标准，将专业分为热门专业和冷门专业，所谓热门专业主要是指相对而言比较好就业的专业，冷门专业是就业相对困难一点的专业。在读大学就是为了找工作的今天，热门专业自然是人们竞相追逐的宠儿，而冷门专业则往往被人们冷落。有的同学完全不考虑个人的兴趣和爱好，完全被社会的就业指标所牵引，这种做法是不可取的。

（二）不能听信父母之命

独生子女的父母们，赋予了子女超常的爱，“包办”已经成为他们的心理常态和固定模式。小时候，孩子的生活由父母“包办”，长大以后，他们的学习几乎也是父母亲“包办”，有的还是代替完成的。在今天的大学里，相当一部分同学的专业是父母亲帮助选择甚至决定的，孩子只有一定程度的参与权，有的连可怜的参与权都被剥夺了，完全听命于父母亲的选择。这种教育方式的弊端是可想而知的。有个案例：浙江籍的学生张××，高考的成绩不错，他本人的意愿是读医学专业，但他的父母亲却坚决不同意。他们觉得自己的儿子做事毛躁、不仔细，不适合读医学这个专业，应该去读热门的计算机专业。最后，张××服从了父母亲的选择，报考了华中科技大学的计算机专业。大学四年里，他始终没有找到对计算机专业的感觉。在完成学业之后，尽管已经工作了几年，仍然找不到感觉。对计算机完全没有兴趣的张××，十分痛恨当年父母亲强行的决定，最终因为痛恨的不断积聚使他作出了十分极端的行为，居然亲手杀死了自己的母亲。这个案例的发生，既令人心痛，又发人深省。

第三节 学习模式选择

不同专业、不同兴趣、不同生活方式的同学可以选择不同的学习模式。合作式学习、创新式学习、研究式学习等模式是当下比较流行的方式。

合作式学习是当今世界上许多国家普遍采用的一种具有时效意义的学习策略。它在20世纪70年代初兴起于美国，到80年代取得了实质性进展，被人们认为是一种具有创意和实效的教学理论和学习策略。它是以现代社会心理学、教育社会学、认知心理学、现代教育技术学等为理论基础，以课堂教学中的人际关系为起点，以师生、生生、师师的合作为基本动力，以小组活动为基本教学形式，以团体成绩为评价标准的一种学习模式。其主要表现形式是师生互动、师师互动、生生互动和全员互动四种。通过多种形式的互动，不仅能促进学习，而且能从中学会合作，并且通过合作促进发展，促进学习能力和合作能力的提升。专家们认为：由于合作式学习强调在学习过程中人们的互动与合作，淡化了传统学习过程中的人与人之间的“竞争效应”，有利于参与学习的人们的互爱与互助，也有利于增强学生的自尊。由合作式学习的理论出发，有以下师生、生生互动具体行动方案：

一、与教师互动行动方案

尽管学生是大学学习的主体，大学学习是学习主体自主学习的过程，但教师在学习活动中的牵引作用和示范作用仍然不能低估。“名师出高徒”这一千古不变的教育法则，至今仍然起着重要的作用。尽管教师担负着繁重的科学研究工作，但教学始终是教师的首要工作，即使是大师级的人物也不例外。在发达国家，无论大学为何种类型，承担何种任务，教学的优先权和教学的品质是大学所要求的。作为教师，即使研究成果再耀眼，但如果疏忽了教学，仍然会被人们认为未能很好地履行教师的义务和基本职责。积极推进教育和教学改革是包括大师级人物在内的教师群体的重要的关注点。联合国教科文组织在《学会生存：教育世界的今天和明天》中指出，教师的职责现在已经越来越少地传递知识，而越来越多地鼓励思考；除了他的正式职能以外，他将越来越成为一位顾问，一位交换意见的参与者，一位帮助发现矛盾点而不住的活动：互相影响、讨论、激励、了解、鼓舞。[①]

---

① 联合国教科文组织国际教育发展委员会：《学会生存：教育世界的今天和明天》，华东师范大学比较教育研究所译，教育科学研究所印制，1996 年。

(一)争取与老师(最好是名师)正面接触的机会

名师是学校知名度的决定因素。知名大学之所以知名,有一定地位,就是因为它们拥有一批具有世界一流水平的教师。有经验的大学生说:读大学,就是读老师,更是读名师。此言不谬也。就读于大学的人们自然应当争取成为名师的高徒,使名师的道德和文章在自己身上得到延续,成为他们思想的传承者和学问的行者,成为社会的拔尖人才和创新性人才。如果就读的大学是名校,应当全身心去领悟名师们所讲授的课程,名师的讲授会把学生引向通往这门学科未知领域的激动人心的旅程。名师之所以有名,不仅是因为他们有突出的科研成果和教学成果,更重要的是因为他们拥有一套独特的治学方法和培养学生的智慧的方法。这些方法对学生的成人和成才,尤其是潜能的发现是有巨大意义的。钱学森先生 20 世纪 30 年代毕业于上海交通大学,求学于美国时得到了著名物理学家冯・卡门的指点;李政道先生 20 世纪 40 年代求学于西南联大,到美国后成为了同样著名的物理学家费米的门生。在名师的指导下,他们的创造天赋得到了科学的开发和引导,最终成为了世界一流的人才。1955 年钱学森回国之前,带着自己刚刚出版的《工程控制论》一书向恩师冯・卡门告别,老师浏览了书中的部分内容之后说:“钱,你现在在学术上已经超过了我,我为你感到骄傲!”

即使由于各种原因的限制,不能成为名师的弟子,也应当争取获得与他们接触的机会,争取他们的引导。他们的一两句话,对学生成长的影响可能是至关重要的,也可能是终生的。杨振宁先生在普林斯顿大学就读期间发表的一篇论文,引起了在该校任教的著名物理学家爱因斯坦的注意,他在自己的工作室约见了年轻的杨振宁,尽管谈话只有很短的时间,而且爱因斯坦的英语中还夹杂着些德语词汇，更是由于与世界闻名的大师第一次面对面交流，年轻的杨振宁几乎没有完全听清楚谈话的内容，但这丝毫不影响这次谈话对杨振宁的巨大影响。他的理论物理的研究从此进入了更加美好的境界，直到走向世界的顶峰。

（二）积极参与老师的课堂教学活动

据专家们的调查和统计分析，大学里成绩优秀的学生，都有一个共同的特点，那就是积极参与老师的教学活动。课堂教学，在今天仍然是大学传授知识和培养专业能力的最为重要的方式之一。在大学的教师群体中，由于年龄、性别、知识背景以及性格、兴趣、爱好等多种因素的影响，他们的教学风格存在着极大的差异：有经院式的古朴和典雅，尽管时代的节奏已经分秒必争，但他们仍然沉浸于《诗经》《楚辞》的境界中悠然自得；有现代感的时尚和前卫，利用最新的教学手段，传递的是最新的知识信息和学术前景。作为学习主体的学生，不管对老师的教学风格喜爱与否，既然已经选择了某个老师的课程，就要顺应老师的教学安排，进行同步的良好互动，游离于老师的教学活动之外是不明智的选择。在课堂的教学过程中，教师的“教”与学生的“学”体现的是相互依存的哲学关系，是同一事物的两个不同侧面。在教学活动中，教师是“教”的主体，学生是“学”的主体，两者都是教学活动的主体。教学的过程既不是单独的教授过程，也不是单独的学习过程，它是教师的教学活动与学生的学习活动的统一。学生在教学过程中，应当立足于学习主体角色，充分发挥自己的主观能动，做好以下几个方面的工作：①预习：预习是学习主体活动的必不可少的重要环节。预习就是在老师尚未进行正式讲授之前，学生自己预先对所要讲的内容进行学习和思考，形成一些粗浅的印象。这样做的好处是，大大增强学习的目的性和主动性，可以极大地提高课堂学习的效率。②笔记：在听课的过程中，应当认真做笔记，记下老师讲授的重点和难度。对于教师个人的研究成果，或者是学术领域的最新的成果和最新信息，更是要有言必录，并且在下课以后及时进行必要的整理。③复习：在每次课程结束以后，要及时对老师所讲授的内容进行复习，对重点和难点部分及时进行思考，重新整理出思考的头绪。还可以读一些与讲课内容有关的参考书，扩大知识面，拓宽思路，加深对所讲授内容的理解，形成自己的观点和看法。④作业：作业练习的目的是通过运用知识，进一步加深对所学知识的理解，同时可以通过练习检验所掌握的程度。应当学会熟练、创造性地完成作业，使知识转化为技能，提高运算能力或表达能力。

（三）跟进老师的教学进度

在学习某一门课程的进程中，应当校准和及时跟进教师的教学进度，根据教师讲授的内容及时预习和复习。没有十分特殊的情况，不要缺课。长期以来，许多同学在有意与无意之间，以老师口才的好坏作为老师教学水平的判断标准，这是一种误解。实际情况是，大学教师更加注重讲课的知识的系统性和创新性，尽力向学生们介绍系统的专业知识以及最新的学术思想，而不愿意在讲授的形式上过多地浪费时间和精力，不太在意讲课的艺术性和欣赏性。包括一些著名大学的著名学者在内，许多教师的授课都不是十分生动有趣。有的大学者的讲课，更像是“念课”。据记载，“五四”时期北京大学的一位著名教授，是我国著名的语言学家、一位著名的大师级的人物。他的讲课就是完完全全地念讲稿，而且还会念出标点符号。但他念出的内容却是当时最具权威性的观点，代表着当时的最高的学术水平，博大精深。

（四）及时请老师解答学习中的难点和疑点

聪明的人懂得说，高明的人懂得听，精明的人懂得问。会学习的同学每一节课都准备一个问题，不管有没有提问的机会，带着准备的问题听课，会有比较好的学习效果。在大学的校园里，每当下课以后，总是可以看到一些学生围在老师的周围对自己在听课中遇到的问题进行提问。有的同学甚至在下课以后跟着老师在校园里边走边聊。这些愿意与老师共同探讨问题的学生，一般都是爱学习也是会学习的学生。有的同学除了及时向老师请教以外，还及时约请同学就平常遇到的疑难问题进行交流，把从不同的角度捕捉的知识点以及感受及时进行信息交换，既是对老师讲授内容的补充，又是课堂教学的延伸，同时又是最为及时的复习与思考过程。

二、与同学的互动与学习合作方案

19 世纪初期德国著名的新人文主义教育家、语言学家和政治家威廉·冯·洪堡的大学理念被教育史家赞誉为“学术界的一轮明月”被尊崇为现代大学的经典理念。他第一次把科学研究视为连接科学和人才培养的桥梁，将科学研究引入教学过程。洪堡认为：“在大学中，听课只是次要的事情；重要的是，使学生与情趣一致、年龄相同以及具有自觉性的人紧密合作。”洪堡进一步指出：“人的精神世界只有通过协作才能充实和繁荣起来，从某种意义上说，一个人离开与他人的合作，将会一事无成。”他告诫大学生们：“合作不仅能以一人之长补他人之短，而且在合作中，一个人的成功会鼓舞他人，并激发出一种普遍的潜伏的力量，它平时在个人身上仅仅是零星地表现出来。”他特别提醒学校的管理者，要为学生的交流与合作提供条件，搭建平台。他说："即使是最自由最独立的人，若被置于单调的环境之中，培养也会收效甚微。"[①]

（一）组建一个学习小组

美国大学提倡小组本位学习模式。这种模式作为一种协调性强，应用范围广的学习组织形式，具有有利于激发学生主动思维等许多优势，受到学生的欢迎和社会的赞誉。20 世纪 70 年代，合作学习在美国兴起，80 年代以后迅速向全世界推及，1986 年，欧洲正式形成了合作教育学，亚洲也同样受到这一教育理念的影响，关于合作学习的研究受到重视。由于实际效果显著，被人们称之为最成功的教学改革。近年来，美国的教育专家们正在进一步研究这种模式在大学教学中的具体应用，挖掘其有利的因素，使之产生实际的效果。合作式学习的基本要素是：积极依赖、面对面的促进性相互作用、个人责任、社交技能、小组加工。积极依赖的含义是指学生们应当知道他们不仅要对自己的学习负责，而且要对自己所在小组的其他同学的学习负责；面对面的促进性相互作用的意蕴是，小组成员通过真正的合作，通过资源共享，互相支持、互相帮助、互相鼓励，从而促进彼此的成功；个人责任是指每一个学生都必须承担一定的学习任务，并且掌握所分配的任务，通过完成任务获得更大的个人能力；社交技能的要求是，教师必须教会学生一些社交技能，以进行高质量的合作，社交技能是一个小组的有效性的关键之所在；小组加工的意思是，合作小组必须定期对共同活动的情况进行评价，以保持小组活动的有效性。

借鉴合作式学习模式的经验，我们认为，在大学学习的过程中，至少要有三名以上的同学作为共同学习的伙伴，最好能

① 盛晓娜：《浅谈洪堡的大学理念》，《中国研究生》2005 年第 4 期。

够组建一个四人以上的学习小组，共同探讨学习上的问题，分享学习上的观点和经验，交流学习中的心得和体会，致力于共同的学习目标和价值期望，这远比一个人独自学习的效果要好得多，也有利于个体合作意识的提升和团队精神的培养，有利于形成健康的竞争心理，学会接纳、尊重、关心他人。

（二）将寝室建成学习型组织

美国麻省理工学院教授彼得·圣吉提出了以“五项修炼”为基础的学习型组织的理念。其核心内容是：通过培养弥漫于组织的学习气氛，充分发挥员工的创造性思维能力，而建立起来的一种有机的、高度柔性的、扁平的、符合人性的、能持续发展的组织。[①] 学习型组织的主要特征之一是强调团体学习，不仅重视个人学习和个人智力的开发，而且注重成员的合作学习和群体智力的开发。大学生群体完全可以把寝室建设成为学习型组织，或者学习团队，把室友变成学习小组的成员，形成优良的群体学风。

成功的案例分析：在 2009 年北航研究生免试推荐工作中，机械学院 2006 级一个宿舍的 8 名同学全部获得了保送资格。一人免试推荐到北京大学攻读生物医学工程专业研究生，其余 7 人均在本校保研。其寝室文化的特征是：①谁先起床就叫醒其他人，很少有人晚上 10 点以前回宿舍。从大一开始，宿舍 8 个人谁先起床就会叫起其他人，大家上课经常是坐在一起的。这 3 年里，他们养成了晚上一起上自习的习惯，很少有谁会在晚上 10 点之前回宿舍。3 年下来，这个宿舍的每名学生都多次获得各项奖学金，有学习优秀奖学金 7 人次，社会工作

① 参见[美]彼得·圣吉：《第五项修炼》，张成林译，中信出版社 2009 年版，第 34 页。

优秀奖学金 3 人次，校三好学生 5 人次，校优秀学生干部 3 人次，国家奖学金 4 人次，国家励志奖学金 5 人次。②都要求加入中国共产党。这 8 名保研的同学，有 2 名党员，2 名预备党员，4 名入党积极分子，他们全部担任过学生干部，有的还是羽毛球队队长、足球队主力、校管弦乐团骨干。③每位同学都有专长。几位同学各有所长，有的学习基础扎实，有的是文艺体育有特长，有的综合成绩一直是年级前两名。他们团结齐心，每个人在自己擅长的方面从不保守，能够一起面对难题，一起享受快乐。④注重学习方法。“我们在大学，首先要学会学习方法，有效地分类和归纳学过的知识。”这是全寝室同学共同的学习经验总结。

（三）研究性社团的探究式学习

学生社团是高等学校学生自愿组成的群众组织，它打破了年级、专业和学院甚至学校的限制，组织由共同或相近兴趣爱好的同学组成，一起开展有利于同学成人和成才的活动，形式多样，活动灵活，是深受一部分同学欢迎的学生组织。我国大学早期的学生社团主要以政治性社团为主，最早的学生社团可以追溯到 1904 年京师大学堂的“抗俄铁血会”，当时的学生通过集会、演讲等形式，抗议日本和俄国在我国东北地区发动战争。今天国内大学的社团组织主要形成了挂靠相关学院和完全自主组建两种运作模式，主要分为研究性、娱乐性、公益性等相关类型。不同类型的社团，为不同专业但具有共同和相近兴趣爱好的学生，提供了交流与合作的平台。

探究式学习理论认为，最好的学习是研究，真正的学问是通过研究得来的学问，研究性社团采用的是探究式学习方式。这类社团一般聘有专家、教授担任学术顾问，或者是指导教师，有的还是在他们的主持或引导下开展学术活动。参加的学生一般既具有学术研究的兴趣，也有一定的研究基础作为支撑，虽然相对于娱乐性和公益性社团而言人数不是很多，但人员却相对稳定，其活动方式也具有很强的学术的系统性和实践的创新性。这类社团对培养学生的创新意识和实践能力具有非常重要的牵引作用，尤其是名师指导的社团更是学习和研究的主要基地。有志于未来从事研究工作的学生，理应成为研究性社团活动的核心成员和最为活跃的元素：①成为核心成员。研究表明，一个人的成功有时不是因为天资聪慧，才华出众，而是因为能够全身心地投入到某项事业中去，锲而不舍，滴水穿石。一旦选择了某个社团，或者是社团组织的某项活动，就要认真对待，全身心地投入其中。参加讨论会和辩论会之前，要认真准备发言提纲和思路以及相关材料，听取别人的发言时要认真思考，对不同观点及时进行反馈和碰撞，最好能够展开必要的争论。不同观点之间的碰撞与冲突所产生的灵感火花，正是参加社团活动的价值体现。②超越专业局限。在选择研究性社团时，应当有意地超越专业的局限，进入新的学科领域和专业领域。理工科的学生要有意识地参加人文社会科学的社团，文科的学生也可以加入自然科学的社团，通过社团的熏陶，扩大专业知识的视野，完善自己的知识结构和能力。

三、与大学文化互动

大学文化是大学的核心和灵魂，大学文化是一种内隐文化，是组织成员习以为常的实际运行的规范，它表现为成员的信仰系统，如价值观念、思维模式、感情气质等，是难以用文字和符号表达的。学生逐步吸收学校文化的价值观，并把它内化为个人的品质，渗透到个体的心理和行为中去，转化为健康的人格精神的内驱力。读大学必须读懂大学的文化，没有读懂大学文化的学生不是一个合格的学生。大学文化是在大学逐步发展与进步的过程中积淀而成的，大学文化的鲜明特征集中体现于大学精神。

（一）读懂大学精神文化

大学精神是一所大学独特的品质和精神气质。大学文化积淀的第一任务是培育大学精神。大学精神是指一所大学的思想观念系统，即师生员工共同的理想、信念、价值目标和观念体系的总和。

1. 读懂大学的办学指导思想

办学思想是指办学者对所办大学的总体认识与办学主张，包括办学思想、办学方向、根本指针、根本任务。具体体现在办学定位、办学思路、办学特色、专业与学科建设、教育与教学改革、学风建设等方面。作为大学精神的顶层，办学思想对大学的发展至关重要，一旦出现偏差，全盘皆输。

首先，要理解学校的办学理念。办学理念是办学过程中形成的如何认识大学、如何建设大学，建设一所什么样的大学的理性认识，是一所大学的灵魂。著名的大学具有个性特色的办学理念，它对就读于此的学生的成长起着导向作用。蔡元培先生倡导的大学理念是：思想自由、兼容并包。蔡元培先生早年留学德国，深受洪堡人文主义大学理念的影响，他认为大学就是研究高深学问的地方，应当思想自由、兼容并包，并以此作为自己的大学理念。梅贻琦先生倡导的大学理念是：通才教育，教授治校。他认为大学应当培养“通识为本，专识为末”的通才。大学工学院必须添设有关通识的课程，减少专攻技术的课程。真正工业的组织人才对于心理学、社会学、伦理学以至于一切人文科学、文化背景，都应当有充分的了解。

梅贻琦的办学理念得到许多知名学者的认同，陈寅恪、赵元任、朱自清、闻一多、冯友兰、熊庆来、华罗庚等大师级的学者云集清华园，使清华大学迅速成为全国学术研究的中心。

其次，要理解校训、校歌和校徽的丰富文化内涵。校训是高度体现一所大学办学精神的训词，是全体师生员工言行的座右铭。“博学、审问、慎思、明辨、笃行”是孙中山先生在创办中山大学时所倡导的大学理念，并且亲笔题词作为校训。原文来自《中庸》的一句名言，其核心思想是坚持传统文化和革命精神的有机结合，在继承的基础上创造，在创造的基础上继承，最终使自己成为一个具有真才实学的人。博学是指学习的知识范围应当广博，尽量扩大自己的知识面，不要受专业的限制，因为大学教育是通识教育；审问是要敢于质疑和提问，要用科学的态度对待所学的知识，多问几个为什么；慎思和明辨是要求同学们要有独立思考的精神和能力，用科学的思维方法进行判断和分析，最终成为有真才实学的人才；笃行的意愿是希望同学们注重实践，而且要一以贯之地注重实践的过程，坚持不懈、持之以恒。清华大学的校训是“厚德载物，自强不息”。北京师范大学的校训是“学为人师，行为世范”，这是北京师范大学精神的集中体现。校歌是大学文化的重要标示，可以激发人们的精神。校旗和校徽等艺术形式集中体现着大学的文化和精神追求，倡导着大学成员的精神境界。

最后，要认知学校的校风。校风是办学精神与风貌的集中体现，是一所学校教风、学风及其他作风的浓缩。学风是学生的学习风气。是学生的学习动机、学习动力、学习态度、学习方法、学习氛围的综合表现。教风是教师的工作作风，教学和科研的作风，是教师职业道德、人格风范、治学态度等方面的综合反映。

2.领悟大学精神的传统

世界一流大学在历史演进的过程中始终维护着知识的权威地位。一部世界一流大学的历史，就是维护知识权威地位的历史，就是与王权和神权进行斗争的历史，一部不断创造大学精神的历史。牛津大学的精神是“理想主义，博大宽容，追求卓越”。牛津大学创办于1168年，是世界上历史最为悠久，影响最为深远的大学之一。在800多年的历史中，牛津大学坚守自己的理想，以博大的胸怀，始终追求卓越，培养全面发展的人才。牛津大学的精神使它成为了世界上名副其实的自由探讨学问和追求真理的地方。剑桥大学的精神是“学术自由、文化融合”。“思想和表达的自由，避免歧视”是剑桥大学的核心价值观，它的形成植根于思想自由、学术自由的教育理念。在剑桥大学生活了20多年的布罗厄斯校长对剑桥精神有如此描述：活跃的文化融合和高度的学术自由，这一精神氛围的主要载体是下午茶和喝咖啡时的自由随意交流。自由的精神氛围带来了众多具有原创意义的科研成果，而这些成果又成为了剑桥大学活力的源泉。哈佛大学的精神是“以真理为友”的独立自由之思想。哈佛大学的校训是“与柏拉图为友，与亚里士多德为友，更要与真理为友”。哈佛校徽上的拉丁文的意思就是“真理”。一些学者认为哈佛精神就是“追求真理、独立思想、注重人文”的自由民主思想，哈佛大学是一个塑造人的灵魂，培养人的独立思想的摇篮。曾经长期担任哈佛大学校长的艾略特深受德国大学学术思想的影响，他从“大学就是教师的集合体、是知识的仓库、是真理的寻求者”这一理念出发，将德国大学的学术自由传统引入到了哈佛大学。劳威尔校长继承了艾略特时代的学术自由精神，并且认为大学是学术研究的场所，学校应当给予教师和学生探求知识的自由，特别是在课堂上,更应当拥有绝对的自由。在哈佛大学的校园里,不仅教师拥有学术自由,学生同样具有学习的自由选择权。正是这种自由的思想使哈佛大学培养了一大批政治家和各个领域的高端人才。据统计,在美国国会议员、政府部长以及大公司财团的总裁中,大约有 1/10 是哈佛的校友。耶鲁大学的精神是"书比钱重要"的"爱真理,追求真理"的精神。耶鲁大学是美国第二所最古老的大学,历来主张追求光明和真理,形成了"书比钱重要"的热爱真理和追求真理的耶鲁精神。新时代的耶鲁正在营造每一个人都可以完全自由表达个人信仰或提出任何问题的大学文化氛围。学校号召学生"学习一切,思考一切,怀疑一切"。世界一流大学的精神传统主要涵盖大学独立自主、自治,大学的学术自由传统,大学的人文主义传统等主要内容,不仅历史悠久,而且源远流长。我国大学的精神传统是:爱国主义传统,追求科学精神的传统和追求人文情怀的传统以及崇尚批判精神的传统。

(二)读懂大学的制度文化

制度是人类共同生活所需要的约束个体行为的规则,是共同生活质量的保证。美国著名政治学家、2009 年诺贝尔经济学奖获得者奥斯特罗姆等对制度进行了如下界定:制度是一种规则组合,它被用来决定谁有资格进入某一决策领域,决定信息如何提供,决定在什么情况下应该采取什么行动,决定个体行动如何被聚合为集体决策。[①] 大学制度是管理大学事务各种规章的聚合,是大学人共同生活质量的保证。大学制度文化是大学在制定、贯彻、执行各项制度的实践活动的基础

① 参见[美]V. 奥斯特罗姆、D. 菲尼、H. 皮希特主编:《制度分析与发展的反思:问题与决择》,王诚译,商务印书馆 1992 年版,第 74 页。

上形成的,关于大学制度及其认知和观念的总和。就本质而言,它是关于大学管理及其权力运行的文化形式。

1. 大学制度文化的定义和内涵

大学制度文化是大学人对大学各种规章制度的一般规律性的认识,包括大学管理者制定各种制度的理性原则、价值取向、理念追求、道德标准、利益调整等一系列的观念体系和大学人对制度的认知与习惯,是大学人对大学的办学理念、办学目标的广泛认同在制度层面上的反映。大学制度文化按照层次划分为表层制度和深层制度:①表层制度:是以文本和书面形式呈现出来的制度。它对人们的日常行为具有约束作用。②深层制度:是指大学人创建制度与遵守制度的理念、态度、价值观、认同感等,是人们共同的行为准则与价值追求。它的作用是潜移默化的。大学制度文化的特征是:大学制度文化植根于大学文化沃土,浸润着丰富的人文精神,既是一种具有强烈的约束机制的权力形态的文化,又是一种具有多样性特征的制度文化。大学制度文化彰显大学精神文化,是大学精神文化的统领,又为精神文化的落实提供了制度保证。大学制度文化规划大学环境文化,规范大学行为文化。

大学制度文化的内容包括大学组织管理制度和学术制度以及教学工作制度、学生工作制度。管理制度涵盖校级层面的党委会制度、书记办公会制度和校长办公会制度以及教代会和职代会制度等,还包括学院一级的党政联席会议制度、党委会制度;学术制度包括学术管理制度和学术奖励制度以及学术成果转化制度;教学工作制度包括教学工作宏观管理制度和专业建设制度、正常教学管理秩序制度、实验教学管理制度、教学激励制度、教学评价与质量监控制度;学生工作制度包括思想政治教育制度、学生日常行为管理制度、学生激励制度体系和贫困大学生资助制度体系等。

2.我国现行大学制度

目前，我国的高等教育规模是世界上最大的，在校学生人数和教师的总量均位居世界第一。我国现行的大学制度是若干年以来逐步形成并且最终确定下来的，具有历史的传承性和时代的合理性。党的权力保证学校的社会主义的办学方向，监督行政权力和学术权力的科学运行，保证学校学生和教师的根本利益得到体现。中国的政治制度是中国共产党领导下的多党合作制，中国共产党是执政党，各民主党派是参政党。中国人民选择的道路是走中国特色的社会主义道路。在中国共产党领导下的社会主义中国，大学不能离开党的领导，构建现代大学制度同样不能离开党的领导，党的领导是建立现代大学制度的政治保证。没有党的领导，大学的行政权力会因为受不到应有的制约而失去监督，学术权力会成为行政权力的附属物，不可能得到真正的行使。教职工的民主参与学校事务的权力会得不到保证。党委领导下的校长负责制是我国大学制度的必然选择，是中国特色的政党制度的必然结果，也是大学的社会主义政治方向的制度保证，是大学培养什么人，怎样培养人的制度保证。党委领导是学校党委领导集体的集体领导，是政治领导，管方向、管大局。党委内部实行民主集中制。党委领导不代替行政权力和学术权力，学校党委书记依据自身的职责和分工，与校长和学术委员会主任各司其职。党委书记重点把关行政权力和学术权力的决策结果是否符合党的路线、方针、政策，是否违背广大教职工和学生的利益诉求，是否符合党纪和政纪的规范，并且在必要时通过党委常委会行使最终的决策权。行政权力保证学校的科学运行，高效有序。

学校行政权力的科学运行是保证现代大学健康发展的重要因素。我国大学拥有一支高素质和具有职业献身精神的专业化的行政管理队伍;拥有科学合理的大学行政服务体系。不可否认,我国现有大学的行政机构的确存在着比较严重的政府化色彩,机构臃肿,职能重叠。行政管理人员数量偏大,人浮于事的现象比较普遍,办事效率低,运行成本高,存在着人力资源的巨大浪费。但这些问题并不难解决,只要我们国家的教育主管部门和大学真正意识到了这一问题在大学进一步发展中的负面影响的严重性,从而采取切实可行的方法加以解决,是完全可以办到的。事实上,一些大学已经在进行这方面的探索。有的学校已经在下放行政管理的权力,实现大学行政权力重心的下移,调动作为教学单位的学院的工作积极性和主动性,使大学整体的功能得到充分发挥。有的学校下放一部分教学、科研和管理正常运作的经费的管理权,下放一部分日常运作必须消耗的物质的管理权,下放一部分人事管理权等,让学院拥有一部分人、财、物的管理权和使用权,拥有局部独立行使部分行政权力的职能,构建出大学权力结构的金字塔布局。这些高校在行政管理模式方面的探索已经让我们感受到了解决问题的气息。学术权力保证大学的核心元素发挥效能。

学术权力是大学权力结构中最为重要的组成部分,是大学组织结构中的核心元素。在现代大学制度中,学术权力保证大学在发展过程中不会发生“质”的变化。我国大学的确存在学术权力被弱化的问题,这一问题已经引起高等学校的普遍关注。一些学校已经采取了一系列措施强化学术权力。有的学校已经设立了独立于党委和行政之外的学校学术委员会,得到了与行政权力平行的权力构架,具有了实体化的权力。学校学术委员会的组成人员是学校各个学科公认的学术权威，专家教授。为了保证学术权力的科学运行，校学术委员会的领导和成员，不在党的系统和行政系统担任职务。学校党委的书记、副书记和行政的校长、副校长，以及机关各部、处的处长和部长，各专业学院的书记和院长，一律不进入校学术委员会任职。学术委员会成为了地地道道的学术权威和专家教授组成的学术权力机构。学术委员会在行使权力的过程中，不受行政权力和其他权力因素的影响，完完全全从学术的角度行使权力，保证学术权力的科学性、公正性，维护学术权力的权威。学校党委和行政从各自的角度对学术委员会的工作进行监督，保证其工作的科学性和公正性。学院的学术委员会同样由不担任任何党政职务的专家和教授组成，主任委员由委员会成员民主选举产生，独立行使教学单位的学术权力，接受本单位教职工的监督，接受本单位党委和行政的监督。

我国大学党的权力、行政权力、学术权力的科学行使，是构建我国现代大学制度的关键之所在，也是我国大学优越性的体现。只要我们着眼于制度建设的层面，不断进行科学的探索，通过制度建设保证我国大学党的权力、行政权力和学术权力形成有机统一的内在合力，我国大学就完全能够在国际教育的激烈竞争中占有一席之地，应当充分相信，我国现有的大学制度完全可以孕育出世界一流大学。①

（三）抵制不良文化的消极影响

在先进文化为主流的大背景下，一些大学的校园也出现了一些与先进文化不协调的不良文化，对大学生群体的健康

---

① 参见张健：《论我国现代大学制度的构建》，载《现代交际》2012 年第 7 期。

成长具有一定的消极影响。专家们将时下大学校园里的不良文化归纳为以下方面，即恐怖文化、瘾癖文化、文字乱用文化、暴力文化、迷信文化、色情文化、享乐文化等。从调查的数据分析来看，文字乱用文化是高校最为普遍的不良文化现象，其次是享乐文化，瘾癖文化和恐怖文化的存在的普遍性超过了迷信文化、色情文化和暴力文化。迷信文化和色情文化的普遍性大体相当。调查表明，大学生自身在创制和传播校园不良文化方面具有重要作用。主动接受大学先进文化的熏陶和抵制不良文化的侵染，应当成为大学生的自觉行动。

第四节 阅读管理

大学的教学着重于帮助学生开拓知识领域，培养学生的自学能力和自我更新知识的能力以及创造能力，大学的授课方式具有其特殊性。首先，大学课堂的授课内容多，进度快。教材上的内容老师只是提纲挈领地讲授，重点内容重点讲授，不重要的内容就让学生自学，具有一定的跳跃性和不连贯性。在讲授的过程中，老师往往只讲授一些基本概念，基本理论。其他的内容要靠学生自己去阅读，自己去进行系统的梳理，整理成系统的知识结构。其次，不是每一门课都有教材，有的课程完全是教师讲授自己的研究成果。即使有完备的教材，老师讲授的一些个人的研究成果或学术界流行的观点，也同样需要学生们花上大量的时间，阅读一定数量的参考文献帮助进行消化和吸收。再次，大学教师特别注重讲授学习和运用某一门学科的思考方法和学习方法，也特别注重学生的动手能力的培养。但他们不太注重课堂秩序的管理，对学生课后时间的支配也不做统一安排，让学生有充分的学习自主权。

大学学习的特殊性昭示我们，课堂学习之外，学生们需要运用大量的时间进行课外阅读。为此，同学们首先必须管理好自己的课外阅读，制订详细的阅读计划，并且按照计划实施。有的同学不仅制订一年的阅读计划，还制订一个月的阅读计划，甚至细化到每一天的阅读量。这些细化的目标更容易实施。

一、管理阅读的宽度

全面学习观认为，大学学习必须处理好“博”与“专”的关系，以达到广博基础上的精深的学习模式。但事实是，相当一部分人认为大学教育是专才教育，有的人甚至说：“读大学就是读专业，不一定要读好大学，但必须读一个好专业，只有好的专业有利于将来的就业。”这是对我们这个以学生就业为第一考量的时代的大学教育的一种理性的误读。从本质上讲，大学教育是地地道道的通才教育，绝不是专才教育。在学习过程中，应当尽量淡化专业的界限，由自己的学习兴趣出发，喜欢读什么书，就读什么书，不仅不能受专业的束缚，而且要有意识地超越自己所学专业的范围，阅读非专业的书籍，扩大自己的知识面，一个受高等教育的人应当是一个博览群书的人。大学生在时间和精力允许的前提下应尽量扩大自己阅读的范圈。知识的数量是质量的前提，没有一定知识的量的积累，质的提升便缺乏依据和条件。阅读范围的扩大，是拥有更多知识数量的前提。有意识地突破专业的限制，做到博览群书。现代知识背景下的学科分类越来越细，只有本专业的知识是不够的，必须扩宽自己的阅读范围，特别是与自己的专业相关学科的知识，应该具有一定程度的了解。

二、管理阅读的厚度

阅读的厚度，也可以称之为“阅读的深度”。提升阅读深度的最佳内容选择，应当是阅读经典；提升阅读深度的最佳方式，应当是慢速阅读，或者是超慢速阅读，经常读、反复读。

（一）阅读经典

意大利作家伊塔洛·卡尔维诺在《为什么读经典》一书中列举了14条经典的标准。他对“经典”的表述是：“经典是那些你经常听人说‘我正在重读……”，而不是‘我正在……的书’。”[①]美国作家莫提默·艾德勒、查理·范多伦在《如何阅读一本书》中也指出：“人间有许多问题是没有解决方案的。一些人与人之间，或人与非人世界之间的关系，谁也不能下定论。这不光在科学和哲学的领域中是如此，因为关于自然与其定律，存在与演变，谁都还没有，也永远不可能达到最终的理解，就是在一些我们熟悉的日常事务，诸如男人和女人，父母与我子，或上帝与人之间的关系，也都如此。此事你不能想太多，也想不好。伟大的经典就是在帮助你把这些问题想得更清楚一点，因为这些书的作者都是比一般人思想更深刻的人。”[②]

互联网的出现对人们阅读经典的影响是巨大的。2007诺贝尔文学奖得主莱辛，针对互联网对人们阅读的影响时说：“现在，我们的文化变得支离破碎，在这种狭隘的文化里，几十年前再确定无疑的东西开始遭到质疑。年轻人从不读书，尽管受了多年教育，除了懂得一些例如电脑之类的专业知识，对

① ［意大利］伊塔洛·卡维诺：《为什么读经典》，黄灿然、李桂蜜译，译林出版社2012年版，第37页。

② ［美］莫提默·艾德勒、查尔斯·范多伦：《如何阅读一本书》，郝朗译，商务印书馆2004年版，第96页。

周围世界却是一无所知。"[①]人们对电脑带来的阅读方式的转变和思考方式的变化的担心，并不是多余的。互联网出现后的屏幕阅读方式，为人们阅读广度的增加，起到了重要的推进作用，人们借助于互联网可以获得大量的信息。这是传统的阅读方式不可能做到的，但它对阅读深度（或者是厚度）的影响却是负面的，人们已经很难达到传统阅读方式的深度。许多人的阅读已经远离和遗忘了经典。

人们的阅读方式可以分成浅阅读和深阅读两种方式。浅阅读是指浏览式的，泛泛的阅读。阅读者不对所阅读的内容进行深入的思考，浅尝辄止。深阅读是指进入阅读内容的情景，进行深入思考的阅读。浅阅读有利于扩大阅读的范围，但有可能使阅读的内容碎片化，使阅读成为一项娱乐化的游戏。深阅读有利于增强阅读内容的厚度，有利于提升知识的思想深度。大学生的阅读方式应当是以深阅读为主，以浅阅读为辅。对文化快餐进行浅阅读，对经典进行深阅读，尤其是要进行非功利性的经典深阅读。所谓非功利性的深阅读，就是指不是为了考试或者写论文的现实目的需要而进行的阅读活动，是极大地有利于长远的提升阅读者的思维能力和修养心智的阅读。坚持非功利性阅读经典著作对于启发同学们的思维深度，调动思想资源进行跨越时间和时空的思考，是具有十分重要的功用的，有利于提升同学们的精神高度和智慧层次。

（二）增强阅读厚度的方法

可以书中所解决的问题作引导，推动阅读的步步深入。当然在阅读的过程中要特别注意阅读的渐进性和整体性。既

---

① 《多丽丝·莱辛在获诺贝尔文学奖时的演说》，《英美文学研究论丛》2008年第1期。

要对一个一个的问题寻根问底、探索其根源，同时又要弄清问题之间的各种关系，包括因果关系、递进关系、交叉关系和对立关系等。这样才能从整体上把握全书的精神，对重点问题有重点的思考，点面结合，这是一种十分节约时间的方法。可以针对日常的学习中所遇到的问题，找有关的书籍进行阅读，或上网查找有关资料进行阅读。著名作家夏衍先生告诉人们，他由于工作较忙，没有很多时间用于阅读，只有采取这种“挈题索知”的方法增加信息量和积累新知识。据有关资料记载，著名发明家爱迪生在日常的学习和工作中也经常采用这种阅读方法。发现问题深入探究，发挥聚焦效益。采用这种方法阅读，可以凭借聚焦效应呈现出自己的创造性灵感。

三、提高阅读的速度

许多科学家经过大量的研究发现，人们只要明白了自己的脑和眼在阅读中的运动规律，经过认真的训练，就不难成倍地提高阅读速度。一般人都认为眼睛在看书时是顺着字行在纸上流动的，实际上这仅仅是一种假象。其实，人在阅读时眼睛是一种“蛙跳”式的推进方法在书上运动的。只要我们每个学生都认真训练，就能训练出自己眼睛的灵活性，加强阅读的节奏感，达到一目十行的快速效果。希望同学们在日常的阅读中认真训练自己，达到快速阅读的效果。

读目录，是提高阅读速度的有效方法之一。在得到一本必须阅读的书籍之后，不必按照传统的方法，从第一页看起，一直看到最后一页。而是只阅读书的章、节、目，多读几遍，分析每个标题应当包含的内容以及标题之间的相通关系。在此基础上选择那些陌生成重要标题下的内容去阅读，以免浪费时间。一些机关干部看报纸大多数采用的就是这种方法，因为工作较忙，没有更多的时间阅读，只能看大标题。对有兴趣的标题看看内容，对没有兴趣的内容一带而过。使用了目录阅读法的大多数同学都觉得非常实用，可以了解更多的信息，节约大量的时间。

也可以根据自己学习的需要，从书中某个感兴趣的章节直接插入，然后逐渐拓展阅读。阅读的过程始终以解决某一问题为目的，阅读的过程本身就是解决问题的过程。问题解决了，书也就读完了。这种阅读是高层次的阅读。教师们在进行科学研究的时候，大多采用这种阅读方法。他们是带着问题去有目的地阅读，阅读的内容围绕问题逐步展开。大学高年级的同学可以采用这种阅读方法，尤其是在写毕业论文或做毕业设计的时候，围绕着自己的研究课题进行阅读，会事半功倍，收获显著。有选择的阅读可以提高阅读的效率。每一本书都是由筋骨和血肉组成的。每一本书的实质性观点和材料，浓缩起来是十分有限的。所以同学们在阅读一些大部头的学术著作的时候，可以采取“挑读”的方法，阅读主要观点和实质性的材料，对那些非实质性的套语和烦琐的举例，以及一些无关紧要的血肉部分可以剔除。对自己已经掌握的部分（比如老师已经讲过的）则完全可以避开，重点阅读自己所需要的书的骨架部分，吸取精髓。由于时间有限、阅读量太大，同学们可以不顾及原书的章节顺序，进行交叉阅读，然后进行综合、分析、归纳、比较，从“混乱”中理出头绪，重建结构，创造性地进行加工、再造，将书中的知识与思想据为己有。这种做法与人们普遍反感的抄袭和剽窃不是一件事情。这是将他人著作中的思想、观点、方法以及材料重新构造。创造性地吸收到自己的知识结构中，使之成为自己知识结构中的组成因素，在整个结构中起着细胞的作用。这是经过了自己创造性的劳动过程的，加工和筛选的过程就是创造性的劳动过程。这种阅读方法在一般人看来有点像小鸡吃米，随便啄，其实不然，它灵活实用，对大学生获取知识极为实用。

阅读是大学生的基本功，也是每一天都必须做的事情，每一位同学都必须养成好的阅读习惯。同学们在掌握了快速阅读的一些方法和技巧以后，还要特别注意阅读的外界环境的选择。行为科学认为，恶劣的物质环境，如高温、低温、昏暗、噪声、强震以及严重污染等，不仅会危害人的身体健康，而且会使人的注意力分散，思维僵滞，动作笨拙，心情烦躁，心理疲惫，造成学习的积极性不高，甚至出现逃避、拒绝学习的消极方式。同学们在营造阅读的外界环境时要注意以下几个方面的要素：①温度：气温对大脑的功能有着直接的关系。研究表明，气温在18℃时，大脑思考问题最为敏捷，处理信息和解决问题的能力也最强。而气温超过35℃，则大脑的消耗明显增加，易造成大脑的疲劳。低温虽可使人头脑清醒，但学习效率并不高，低于10℃的气温，还会使人萎靡不振。②光线：在阅读时，周围的光线太强，会给脑细胞带来劣性刺激，使人感到烦躁，妨碍正常的思维能力和判断能力。光线太弱，容易造成视觉的疲劳，长此以往会造成视力减退。长时间的阅读之后，还要注意劳逸结合，放松一下紧张的心情。阅读不仅是专业学习的需要，也是个体的精神成长的需要。通过阅读，人们不一定能够改变长相，但可以改变气质，不一定能够延长生命的长度，但可以拓展生命的宽度，垫高生命的厚度。美国前总统尼克松从上小学时，就在母亲的引导下逐步学会了阅读，形成了良好的阅读习惯。在中学时，他被称为博学的小百科。广泛的阅读使尼克松增长了知识和才干，形成了良好的意志力和自我约束力，为事业的成功奠定了良好的基础。

第五节 思维训练

创新作为经济学的概念，最早是由美籍奥地利经济学家熊比特在1934年出版的论著《经济发展理论》中提出的。随着社会经济的发展，尤其是在20世纪后期，人类在科学技术领域的一系列突破性进展，以及由此引起的社会生活方式的变化，“创新”这一概念的内涵也在不断地延伸和扩大。所谓创新学习，就是要求学生在学习知识的过程中，不拘泥于任何书本，哪怕是经典著作；不迷信权威，哪怕是著名的大师、名师；不墨守成规，即使是定律和原理，充分运用自己的知识和智慧，进行独立的思考，大胆探索新思路、新问题、新设计、新途径、新方法的学习活动。智商的概念最早是由德国心理学家斯特恩提出来的。人们一般认为，智商是衡量一个人掌握知识和技能程度的量度指标。智商是以人脑的神经活动为基础的偏重于认知方面的潜在能力。人们的记忆力、思维力、想象力、判断力、创造力、注意力、观察力、研究力、表达力等诸多能力构成一个智商的系统。在这个系统中，思维能力是核心元素。思维和思维方式，是人类特有的一种精神活动，它是在表象、概念的基础上进行分析、综合、判断、推论等认识活动的过程。思维和思维活动，代表着人类智慧以及知识、把握世界的一种活动和这种活动的能力。活动思维能力的培养，既是学校应当关注的重要教育命题，也是接受高等教育的人必须着力提升的一种能力。当今的时代是快速提取的时代，需要人们具有崭新的思维方式。

一、创新思维的养成训练

我国学者认为，创新人才主要具有创新精神和创新意识、创新思维和创新人格、创新能力和实践能力三个方面的特征。创新思维属于智力素质范畴,他是在知识的长期学习和运用过程中产生,以思维的流畅性、新颖性和独创性为特征的一种思维风格和思维取向。

创新思维是以新的方式解决问题的思维活动,是创新活动中的思维活动。创新思维是创新人才的重要标志,它有如下特征:①创新思维具有全新性。创新型思维是人脑对事物的映像进行主观的改造制作过程,创新性思维得出来的成果应当是本先的和前所未有的,而不是在人类以往认识范围内的成果的复制和粘贴。②创新思维具有灵活性。灵活性使创新思维产生的源泉,是创新思维的根本特点。灵活性使创新思维展现出高度的复杂性、随机性和潜在性,它打破了形式逻辑的同一律对思维活动的限制,更加有利于思维主体的创造性呈现。③创新思维具有可行性。创新型思维的可行性可以分为主观可行性和客观可行性两种:主观可行性是指精神方面的可行性,客观可行性是指物质方面的可行性。艺术创造一般遵循主观可行性,科学技术方面的创造一般遵循客观可行性。世界著名动机学权威,赫茨伯格根据几十年观察社会各界各行各业人士的体会,对创新者个体的思维特征作了如下描述:第一,他们往往智商超常,激情迸发。智商是创造的先决条件。智商超常有利于创新,当然也有另外的情况,智商过高时也有可能有害创新。激情则是人对所见所闻的一种情感,使人一时不能自已,在瞬间感觉活着伟大。激情不是解脱,不是预感,也不是成功,激情是生命最充分的延伸。激情令创新者才思敏锐,激情下的人们整个心儿都在活动,逻辑,色彩和能量都被综合成一种去发现的直觉。第二,他们善出难题,不谋权威。创新者善于为自己出难题,而不是追求权威地位和自我形象，不相信世界有绝对的思想。权威地位产生于一种自我免疫力，对新思想无动于衷。在知识快速老化的今天，权威也要不断地学习，驻足于以往的成就，是发扬创新精神的主要障碍。第三，他们经常标新立异，不循成规，不靠传统做法与想法建功立业。米歇兰·格洛在装饰梵蒂冈教皇小礼堂时，不是因袭过去的思维模式，从而成为了一个雕塑家，而不是油漆工。第四，他们自认不知，善求答案。承认“我不知道”有时候是创新的一个先决条件。没有糊涂就没有创新。越是能够容忍糊涂，人们就越能体验内在的自由。第五，以干为乐，不与人比。真的创新必然能从他所做的事情中获得快乐，而不管他人对他如何评价。第六，不信天命，积极解忧。动机性忧闷，即期望取得成就而带来的苦恼与创新大有关系。被动者以各种方法接受观察。创新者实行积极而不是被动的解忧。它是使人在漫无目的中保持积极的能源。一般地说，创新者经历较多动机性忧闷，但他们可以积极地加以控制。他们宁愿相信自己的好奇心，也不愿随大流；宁愿做一个好问的孩子活在世界上，也不愿意听任命运的摆布；宁愿暂时不作判断，也不愿因事件的某种光明面而使事件合理化。因此，创新者常常作出有用的发现，而别人则不能。

研究发现，伟大的天才科学家爱因斯坦的创新思维具有以下特征：一是强烈的。资料显示，晚年的爱因斯坦仍然具有孩子一般的好奇心。他站在书房窗前看花园里的树，就会联想到自然界的生命是多么美丽、奇妙，要理解这几棵普普通通的橡树的生命，就得消耗个人的毕生精力，惊讶之余的神秘感油然而生。他认为，要是一个人再也体验不到那种神秘感，那种惊异和狂喜交织而成的崇高的激情，那他的生命也就没有什么意义了。他在这种好奇心和神秘感的驱使下，晚年的他仍然步履蹒跚地不断探索未知的领域。二是独特的宗教感。爱因斯坦从小就对世界充满了怀疑，中学时代就开始对上帝和教徒产生怀疑。三是高度的注意力和深刻的思想。在爱因斯坦的科研生涯中，无时无刻不是沉浸在一种传奇般、几乎叫人难以置信的高度集中的注意力及无比深刻的思想状态中。高度集中的注意力和深刻的思想为他插上了取得惊人的创新成果的翅膀。四是独特的性格。他既健谈幽默，又非常孤僻。具有健谈而幽默个性的爱因斯坦也喜欢独自思考，他有一种奇妙的自我孤独的本领。即使是在闹市，也好像只有他一个人。五是智能的明晰性和思维的逻辑性同美学信念的结合。爱因斯坦说过，广义相对论的发展，是一生中最愉快的思维。他毕生就是从表面上看起来似乎不合逻辑的事物，进行科学的、合乎逻辑的设想的思维飞跃，导致激动人心的突破。他之所以能够这样做，源于给他带来无穷无尽的探索力量和智能的神圣好奇心，更是因为他有一种坚定的美学信念。因为大自然存在的统一和谐的美感，可以唤起他到未知领域去探索的欲望。

二、创新思维的方法

关于创新思维方法的归类，专家们没有统一的说法。本书引用相对通俗的归类方法[①]向同学们介绍：

（一）直觉思维创新思维方法

这种方法是通过对事物或问题进行总体考察和思考以后，在一瞬间领悟事物或问题的某些方面的本质，从而作出某种猜测性判断的思维过程。这种方法就是人们常说的“顿悟”。

---

① 参见王洪忠、陈学星：《创新能力培养》，中国海洋大学出版社 2008 年版，第 89 页。

（二）形象思维创新思维方法

形象思维方法的内容十分丰富，主要包括：①预示想象创新思维方法：根据已有的知识、经验和长期积累的形象，在自己的大脑中逐步提炼出某种形象设想，在以后的思维活动中有可能产生出清晰的形象。②导引想象创新思维方法：进行创新思维的主体通过憧憬成功以后的喜悦情景，引导自己去完成具有一定难度的任务而进行的丰富想象，这种想象有利于自身潜能的发挥，达到任务的圆满完成。③取代想象创新思维方法：思维主体通过设想自己处在某一特定的位置，或者某种特定的场景，通过设身处地的思维情感和思维处境，寻求到解决疑难问题的新办法和新思路。④充填想象创新思维方法：思维主体通过自己的想象，在对某一事物掌握部分和发展环节的基础上，充填目前未知的部分，从而构成完整的事物想象。⑤飞跃联想创新思维方法：思维主体在遇到重大疑难问题时，思维活动进行大跨度的飞跃，跳跃到与自己思考的事物形象毫不相干的事物想象，进而获得思维的灵感和设想。⑥对比联想创新思维方法：是指对事物之间的形状、结构、性质、作用等存在的不同进行个性化的联想，以取得新的认识和新的见解。⑦相似联想创新思维方法：对事物之间的形状、结构、性质、作用的相似性进行联想，进而获得新的想法。⑧连锁联想创新思维方法：对事物之间存在的联系，进行一环扣一环的联想，使自己的思维焦点不断深入，从而得到新的启发。⑨组合想象创新思维方法：将某一些事物的整体形象和某一些事物的部分形象一同进行整体的思考和观察，进而根据自己的需要，得出另一事物的形象。⑩纯化想象创新思维方法：思考事物的具体形象，或者只保留某一些主要的部分，进行几乎纯粹抽象的思考和分析，得出反映事物本质规律的简单化、理论化的形象。

（三）求异思维创新思维方法

求异思维创新思维方法包括寻找新视觉、要素变化、问题转换、标新立异、由奇制胜等创新思维方法。寻找新视觉就是不局限于思维主体所习惯的某一个角度，或者一般人习惯的角度，而是变换一个角度，或者从众多的新角度展开思考，获取新的解决问题的办法。要素变化是思考如何通过改变事物所包含的某些要素，使事物发生思考主体需要的某些变化。问题转换是指把看起来复杂的问题转换为简单的问题，把自己生疏的问题设法转换为自己熟悉的问题，找出有效的解决办法。标新立异就是勇于提出破天荒的创意，石破天惊式地解决问题。出奇制胜的方式使人感到出其不意，取得人们意想不到的成功。

（四）逆向思维创新思维方法

这种创新思维方法包括观点颠倒、结果颠倒、位置颠倒、过程颠倒、方式颠倒、条件颠倒等创新思维方法。

（五）迂回思维创新思维方法

迂回思维创新思维方法包括绕道而行、以进为退、以退为进等创新思维方法。

（六）机遇思维创新思维方法

这种创新思维方法包括高瞻远瞩创新思维方法、把握时机创新思维方法、乘虚而入创新思维方法、顺藤摸瓜创新思维方法、顺手牵羊创新思维方法、将错就错创新思维方法、因祸得福创新思维方法、种瓜得豆创新思维方法、歪打正着创新思维方法、随机应变创新思维方法等。

（七）童稚思维创新思维方法

童稚思维创新思维方法包括挖掘荒唐创新思维方法和返老还童创新思维方法。从幽默滑稽、荒唐可笑的故事中，启发自己的思路，产生奇异的想法。用儿童的好奇心进行思考的追问，说不定会有意想不到的收获。

（八）发散思维创新思维方法

发散思维创新思维方法包括多向发散和头脑风暴两种方式。多向发散是以所思考的问题为原点，让思维向多个方向发散，寻找富有价值的念头。头脑风暴是指用召开小型会议的方式，无拘无束地展开思维的想象，通过思维的碰撞，产生新的设想和办法。

（九）模糊思维创新思维方法

这种创新思维方法是指对要进行思考的问题不可能进行准确描述时，可以先给出模糊的、笼统的、大概的定义。

（十）灵感思维创新思维方法

灵感思维创新思维方法包括自发灵感、诱发灵感、触发灵感、诱发灵感等创新思维方法。

（十一）跟踪思维创新思维方法

这种创新思维方法包括跟踪目标和力避眩惑创新思维方法。跟踪目标就是紧紧跟踪目标的发展趋势，直到获得满意的结果。力避眩惑是指排除外界因素对思维主体的干扰，避免思维主体的眩晕和迷惑，认清事物的本来面目。

（十二）质疑思维创新思维方法

这种创新思维方法包括审视传统创新思维方法、验证书本创新思维方法、鉴别经验创新思维方法、琢磨名言创新思维方法、慎对从众创新思维方法、警惕麻木创新思维方法、排除自设创新思维方法。

(十三)梦中思维创新思维方法

梦中思维创新思维方法包括自发思维和自觉梦悟两种创新思维方法。

三、创新思维方法的养成

1.创新思维方法可以在日常的学习和生活中进行总结和提升

第一,应当注重知识量的积累,形成合理的知识结构。体系的构成状况与组合方式。根据系统论的观点,任何一个系统中各个部分的结构,会使系统显示出不同的功能。许多专家都认为,创造性人才的知识结构,是专而博的。这个结构中有三个要素是最重要的,即哲学的指导、语言的修养、数学的训练。建立自己的知识结构,可以根据自身的优势,既注重知识的数量,又注重知识的质量,使知识结构系统具有创新的功能,实现各学科知识的优化组合,从而产生出创新思维。

第二,应当注意捕捉思想的火花。人的思维分为抽象思维、形象思维、灵感思维三种。这三种思维方式对于加工知识和形成一定的知识结构都具有不可替代的作用。灵感是对于问题的豁然开朗的顿悟,是抽象思维和形象思维的升华,是一种非逻辑的过程,一种高级的创造活动。同学们在日常生活中,有时会因一些事情的触动而产生一些零碎的思想火花,这些火花就是灵感的显现。这些随即便会立即消失的灵感是非常有价值的。如果我们能准备一个笔记本,随身携带,随时记下自己的一些思想,可以为自己的创新积累大量零配件。许多专家学者都具有积累思想的良好习惯,坚持这样做,一定会成为一个智者，不管是讲话还是写文章，都会有自己独到的见解。这种方法对于文科和理工科的学生同样适用。

第三，注意知识的杂交和综合。创新，说到底不过是一种对知识的嫁接、杂交或重新排列组合。控制论的创立者之一维纳说："在科学发展上可以得到最大收获的领域，是各种已经建立起来的部门的被忽视的无人区。"[①]在世界的科学史上，许多创造发明都是采取知识杂交的办法取得的，包括控制论的创立也是如此。许多看起来很神奇的东西，分解开来以后神秘感会立即消失，因为它们无非是已有的技术，甚至是一些简单熟悉的东西的组合。不管是阿波罗登月飞船、雷达装置、米格 25 飞机还是最新的科研成果等都是组合创新的结果。

第四，学会模仿。关于模仿，胡适先生有一段著名的话："凡富于创造性的人必敏于模仿，凡不善模仿的人决不能创造。创造是一个最误人的名词，其实创造只是模仿到十足时的一点点新花样。古人说得最好：'太阳之下，没有新的东西'一切所谓创造都从模仿出来。我们不要被新名词骗了，新名词的模仿就是旧名词的'学，字。"[②]胡适先生对模仿与创新的关系论述的精辟程度已经达到了我们现代的水平。立志培养创新思维的同学可以先从模仿做起，然后弄出一点新的花样来。

第五，冲破思维定势。所谓思维定势，是指思考问题总是按照一个固定的思路，这种习惯性的思维方式往往使我们忽略了隐藏着的创新契机。只有彻底冲破这种习惯性的思维方式，勇于思考，善于进行逆向的、反常规的思维，才能有所发现，有所创新。哈佛大学肯尼迪学院的教授经常向学生们讲

---

① 赵树智：《控制论之父》，吉林人民出版社 2011 年版，第 101 页。

② 胡适：《信心与反省》，《独立》第 103 期。

一个故事：有一个讨饭的人怕被狗咬，就随身带上一块石头，可当他同时遇到两条狗时，用那块石头打跑了一条，另一条狗却咬了他一口。第二天出门时，他带了两块石头，但却遇到了三条狗来咬他，打跑了两条狗之后，还是被第三条狗咬了。第三天外出讨饭时，他带了三块石头，但有四条狗来咬他。他这样每天加一块石头，却还是被狗咬。后来，一位有经验的人告诉他，丢掉所有的石头，换成一根打狗棍，这样一来，他从此再也没有被狗咬过。

第六，注重想象力的培养。著名科学家爱因斯坦将自己的成功归结为自己的想象力。许多著名人士认为，美国的强大来源于这个国家的独特的想象力。科学技术、教育、政治、经济的发展都离不开想象力，想象力为美国带来了发达的科技、完善的制度和先进的文化。培养自己的想象力应当遵循两个原则：一是高度重视。在学习和生活中积极培养和发挥自己的想象力。二是不强求。想象力是一种天分，没有想象力潜质的人，即使再努力追求，也是事倍功半。

第七，长期坚持将思维聚焦于一个问题。思维注意力的长期坚持和聚焦，会产生出意想不到的思维成果。早晨是思考问题的黄金时间。如果能把学习和工作中遇到的最难解决的问题放在早晨去思考，就有可能出现新的灵感。如果有的同学已经对某一个需要思考的问题苦苦思考了一整天仍然没有明显的进展，此时，最好的办法是把这个问题放一放，不要再去想它。这个问题经过了白天的冥思苦想之后，就有可能在“睡眠中自行得到解决”。心理学的研究成果告诉我们：没有太多意识的干扰时，是创造机制最佳的工作时机。

2.剑桥大学的七种最佳思考方法推荐

人类的优势就是能够进行思考，人类伟大的业绩是思考的成果,人类的自我超越也是思考的成果。许多取得了显著成就的人,都认识到了思考的重要作用。美国心理学家丹尼·商曼说:“要想将以有无创造性思维的力量来论成败。”[①]亨利·福特说:在事业上有所成就,“思考是艰难的工作,这也就是很少有人愿意去做的原因。”[②]国外一些著名大学,十分注意对人的思维方式的研究,也十分注意将他们的研究成果介绍给学生。英国剑桥大学的心理学家,经过认真的分析研究,为学生们总结出了七种最佳思考方法:

(1)避免先入为主法。这个方法要求同学们在观察事物时不要带入干预,因为他们在研究中发现,当一个人听到一个新的创意和见解时,他们往往先入为主。这样思维往往是本能的反应,然后便按照这个态度去维护自己的想法,缺乏公正性和全面性。解决这个问题的方法是避免先入为主。

(2)巨细无遗法。在进行思考的时候对事物的方方面面,不论其大小巨细,都一律加以分析。这样做的结果是可以避免思想的偏颇,避免进入自我思维的定势,影响科学的结论。

(3)顺思逆想法。这种思维方法要求思考者慎重预见自己行为的后果,然后从后果反推所面临的选择,也就是倒过来想。这样前后照应会使思考具有明确的目的性,减少失误。人们在科学发明的过程中也经常采取“倒过来想”的办法。爱迪生发明留声机,伽利略从细玻璃管的受热膨胀反过来想到,可以用膨胀的体积来测量温度。法拉第从奥斯特的电产生磁实验,想到了磁产生电。这些都是“倒过来”思考的成果。

(4)目标明确法。目标管理是现代商业社会中一项行之

---

① 张海法、刘修春:《创造性思维哪里来》,《发明与创新》2012 年第 8 期。

② [美]亨利·福特:《亨利·福特自传:我的生活和事业》,汝敏译,中国城市出版社 2005 年版,第 153 页。

有效的管理方式。从管理学的角度看，目标具有不可忽视的重要作用。在实际的学习生活中，有很多同学有时也认为自己的目标是明确的，但实际行动起来却是盲目的。原因是没有根据目标，去设计行动方式，并且坚定不移地为实现目标而始终如一地运作。往往是瞻前顾后，走走停停。

(5)重点优先法。遇事不仅要多方面思考，更需要找出重点，并予以优先考虑。很多人只凭一时的感觉去判断事情和作出决定，殊不知，一般的感觉并不能代替有重点地、深入地思考问题。

(6)博采广选法。有时候我们已对问题做了充分的思考，但还得不到满意的解决办法，这就需要打破常规的思路另作更为广泛的探讨。凡是想出来的思路与办法均认真加以考虑，最后在辨别、判断中去粗取精，去伪存真。

(7)设身处地法。他人的意见难免有的会与自己抵触，即使是自己的同学、老师、父母乃至兄弟之间，也不例外。应当说，在学习和工作中，同学之间、同事之间、上下级之间，有不同意见产生是非常正常的，如果没有不同意见出现，那倒是不正常的事情。尤其是上、下级之间，如果意见惊人地一致，那么这个单位肯定在某些方面出了问题。在遇到来自于周围的不同意见时最要紧的是设身处地地替对方想一想。这样说不定能打破僵局，找到解决问题的办法。

剑桥的心理学家所总结并向我们推荐的这些思考方法，对同学们在学习和生活中应该是具有实用价值的，对拓展同学们的思考空间大有益处，让我们在思考中赢得真理和生命。

第六节　学习习惯的养成

学习习惯是指个体在学习过程中，经过反复练习形成、发

展成的一种个体需要的自动化学习行为方式。通过个体的努力而形成的良好的学习习惯，既有利于激发个体学习的积极性和主动性，又有利于形成学习策略，提高学习效率，还有利于培养自主学习的能力，更有利于培养创新精神和创造能力。好的学习习惯的内涵没有规范的设定，因人而异，可以进行具有个性特征的总结。

一、养成管理学习时间的习惯

学习时间管理对大学生活的重要性不言而喻。从经济学的角度观察，大学生的学习存在资源的合理分配和有效使用问题，尤其是大学四年的学习时间管理和分配直接关系到最佳效益的发挥。从心理学的角度考察，时间管理与焦虑等负面情绪密切相关，越是善于管理时间的大学生，其焦虑程度越低；越是不善于管理时间的同学，焦虑的程度越高。那么，大学生应该如何养成管理学习时间的习惯呢？

首先，要树立现代时间观念。观念就是人蕴含在经验尝试、理论知识中最为一般的思想和看法。它是人类支配行为的主观意识，它给予我们一切思想和行为的准则、方向和行为轨迹，它起着根本的指示和规范作用。人的行为是受观念支配的，观念正确与否直接影响到行为的结果。现代人的时间观认为，时间是一种宝贵的资源，是人生难得的财富，要抓紧一切时间学习和工作，不可把时间和精力以及财力浪费在空洞与多余的事情上。时间面前人人平等，时间的竞争是最重要的一种竞争。一切的竞争从某种意义上讲都是时间的竞争。所以，在文学家那里，时间就是优美的诗篇；在医学家那里，时间就是生命；对于教育家来说，时间就是知识。时间为生活中的人们赢得了快乐、财富和效益。时间有时还是机遇，机不可失、时不再来。机遇是稍纵即逝的一种资源，抓住机遇成就的可能是一生的事业。

其次，加强对学习时间的控制。时间管理的核心在于严格控制。成功的人士告诉我们，用“分”计时的人，比用“小时”计时的人，在时间上利用上效率要高得多。同学们应当以“分”为单位计时，按照自己的学习计划和作息安排进行精细化管理，精打细算，惜“分”如金。一些同学无意识地在电脑前浪费了大量的时间，上海市的一项调查显示，大学生上网消遣娱乐占40.9％，了解时尚占42％。江苏省教育部门的一项调查也显示，大学生上网聊天和上网玩游戏的居多。[①] 大学生应当学会利用电脑学习新知识，而不是白白地浪费时间。要学会集中利用时间学习，如果有的同学总是习惯于把一件完整的工作加以肢解，分几次完成，那就浪费了一部分时间，因为每一次开始，都要有一段熟悉重复的过程。当然，集中时间的多少，要依工作量来定，集中过多，也会造成浪费。学会利用时间的“边角料”，学习之余的零碎时间，加起来是一个相当可观的数字，可以利用这些时间的“边角料”处理些个人事务，如洗衣服、打扫卫生、发短信之类，以节约大量的时间用于学习。饭前和饭后、课前和课后，买饭排队等时间都是可以利用起来的，不要让它从身边轻易溜掉。

再次，提高运用学习时间的效率。每个人在一个月中的智力、生理、感情曲线有高潮期与低潮期。智力周期 33 天，生理周期 23 天，感情周期 28 天，与人体的生物钟密切相关。一天中，有的人喜欢黎明即起，记外语单词，背诵诗词歌赋，因为早上的学习效率最高。也有的同学善于秉烛夜战，冒着蚊帐

① 参见邱沛篁:《新闻传媒是一部教科书——当代大学生与新闻传媒》，《新闻战线》2009 年第 11 期。

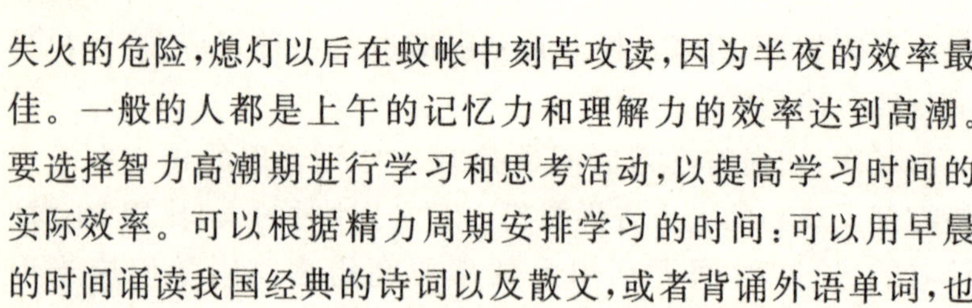

失火的危险，熄灯以后在蚊帐中刻苦攻读，因为半夜的效率最佳。一般的人都是上午的记忆力和理解力的效率达到高潮。要选择智力高潮期进行学习和思考活动，以提高学习时间的实际效率。可以根据精力周期安排学习的时间：可以用早晨的时间诵读我国经典的诗词以及散文，或者背诵外语单词，也可以思考学习中的难题，进行有助于提升创造性的活动。

最后，学会时间的转换替代。常见的做法是，从非学习的其他活动中挤出一些时间用于学习。走路的时候，也可以思考学习的问题。著名学者季羡林先生，改革开放后，受到了党和政府很高的礼遇，不仅担任了北京大学的副校长，还担任北京市的人大常委，以及许多学术团体的顾问，经常出席各种会议成了季老生活的一种常态，用于学术研究的时间非常紧张。为了不影响自己的学术研究，季羡林先生便利用参加各种会议，坐在主席台上的时间，构思自己的学术论文。他的这种方法，就是典型的“时间转换”。

二、养成读书与思考相结合的习惯

古人云：“学而不思则罔，思而不学则殆。”(《论语·为政》)学习的过程也应当是思考问题的过程，研究问题的过程。养成做读书笔记的习惯，是践行一种学习与思考相结合的有效方式。在读书的过程中，应当一边阅读，一边将感兴趣的内容和自己即兴思考的内容，写在笔记本上。手、眼、脑并用，可以增加对阅读内容的印象和理解。中国古代就有“不动笔墨不读书”的古训，这种方法在今天仍然有效。不能把读书当成看电影、电视，或者是看演出，浏览网页，看完便完了。对于经典的书籍，要进行反复的阅读，养成反复研读一本经典书籍的习惯。马克思的学习方法就是“啃书本”，也就是反复研究精典的书籍。在他看来，读书学习就像吃很硬的东西，必须花时间研磨、粉碎。这个东西既然营养丰富，又对身体大有益处，那么就要发挥“以硬还硬”的“啃”字精神，一次一次地“啃”，一点一滴地“啃”，一“啃”再“啃”，“啃”而不舍，即便是石头，也要“啃”出一些粉末来消化掉，吸取其营养、丰富自身。马克思就是凭着这种“啃”字精神，写出了伟大著作——《资本论》以及其他众多著作，成为了国际共产主义运动的伟大导师，成为了全世界共产党人追寻的旗帜，并将自己的名字永远地写在了人类的历史上。我国清代著名的翻译家林纾先生，也是主张“啃”书本的。他用了 8 年的时间“啃”《汉书》，又用了 8 年时间“啃”《史记》，还用了前后共 40 年的时间“啃”他喜欢的韩愈的文章。他常常是把一篇文章贴在桌上盖起来，然后每天打开来读一遍，读了又盖起来，如此反复不断，几个月又换上一篇。他就是这样一篇一篇地对韩愈的文章进行阅读、沉思、琢磨，从而充分领略到了韩愈散文的美妙之处。林纾的翻译作品，就像韩愈的散文一样，简洁典雅，优美动人。建议每一位同学都要借鉴马克思和林纾先生的“啃书本”的学习方法，认真研读一本经典的专业书籍，肯定会受益匪浅。

对一个问题进行长期的学习思考和研究，就会产生物理学的聚焦效应。大学阶段的学习本来就应当是研究性的学习过程，也应当是创造性学习的过程，“研究”应当是大学学习的引领因素。洪堡曾经指出，大学教授的主要任务并不是“教”，大学生的主要任务也并不是“学”，大学生需要自己独立地去从事研究，教授的工作，则在于诱导学生研究的兴趣，再进一步指导并帮助学生做研究工作。在大学阶段，大学生应当选择一个有兴趣的课题进行研究，可以是专业性的研究课题，也可以是非专业性的研究课题，关键是要有兴趣的支持。专业性的课题可以使自己的学习具有专业目的性和针对性。非专业性的课题可以扩大自己的知识视野，有利于提升自身的综合素质和修养。围绕着有兴趣的研究课题进行学习和思考以及浅层次的研究，可以大大增强学习的兴趣和激情，提高学习的实际绩效。

第六章 “做人”自我管理

“学会做人”是大学生个体大学阶段的重要学习任务之一。“做人”自我管理既包括理论层面的学习做人的技能理论，也包括将理论运用于实践的学习做人的实践活动和提升做人的技能。大学校园的人际环境，为同学们学习做人提供了一定的条件，完全可以充分利用这一独特的资源，修养做人的心智，提升人生追求的境界和做人的基本技能，提升做人自我管理的能力。

全球性的人才竞争，催生全面发展的人才。当今世界是一个充满竞争的世界，世界各国都在为迎接21世纪的竞争做着人才准备，都把注意力放在教育改革上，放在了增强社会成员的国家意识和振奋民族精神上，放在了提高人的素质上。努力使自己成为既有合理的知识结构、健康的体魄、良好的心理素质和社会适应性，以及完整的行为能力，又有良好的精神风貌和较高的道德水平的高素质的国家栋梁，是时代发展对大学生的要求和期盼。实现中华民族的伟大复兴，需要今天的大学生不仅具有认知能力，还需要他们能够正确处理各种社会矛盾和问题，能够正确判断人际是非，具有新世纪大学生的社会责任感和使命感，具有创新思维和开拓精神，不仅会做事，而且会做人。

在相当长一段时间里，忽视学生做人素质的培养，成为世界教育的通行诟病，西方发达国家也不能幸免。美国人文学科促进会在公开发表的《拯救我们的精神遗产——高等教育人文学科报告书》中坦诚地指出：当前的高等教育过分满足于浅近的市场需要，使许多学生成为就业的机器，却忽略了他们作为人所应有的较高的人文修养、个性乃至独创精神。实际上，“教育不仅仅使人学会‘做事’，更重要的是使人学会‘做人’”①。联合国教科文组织提交的《21世纪教育报告》强调，21世纪的教育不仅要使学生有知识，会做事，更重要的是先学会做人。“育人”是大学的永恒使命和基本职能，这是自大学产生以来人们公认的教育理念。从理论上说，我国大学比较注重大学育人功能的发挥，特别是新中国的大学，始终把培养我国社会主义事业的合格接班人和建设者作为大学的首要任务，并对此进行了艰苦的探索，取得了显著的成绩。与此同时，由于种种原因，我国大学在育人方面的缺陷和不足也显而易见。社会有识之士对此进行了强烈的反思。著名科学家钱学森先生发出了著名的“钱学森之问”。著名教育家、上海大学校长钱伟长先生，直言不讳地告诫当今中国的大学，应当重视学生“做人”素质的培养。他说：“我们培养的学生首先是一个全面发展的人，是一个爱国者、一个辩证唯物主义者，一个有文化艺术修养、道德高尚、心灵美好的人，其次才是一个拥

---

① 梁俊：《关于加强人文素质教育的思考》，《四川职业技术学院学报》2001年第1期。

有科学、专业知识的人，一个未来的工程师、专家。”[①]著名经济学家茅予轼先生指出：“从经济学的角度看，培养人就是为了增加社会的生产力，但是人终究不是赚钱机器，人是一个完整的人。他要懂得人生，有自己的追求，自己会享受人生，并且帮助别人享受人生。”[②]大学组织自身应该如何调动资源更好地营造育人环境，强化育人功能，大学的管理者已经或正在进行有益的探索。在校大学生更是应当将“学会做人”作为大学生活的重要课题进行规划和管理，通过自身的人际交往实践，成为既有合格的认知能力水平，又有娴熟的人际交往能力的优秀毕业生，成为既具有历史的使命感，又具有现实的责任感和实际应用技能以及人际适应能力的适用性人才。

第一节 “做人”自我管理的理论思考

对大学生“做人”自我管理进行理论的溯源，应当从人的本质的理论说起，因为关于“人的本质”的科学理论，全面、深刻地揭示了作为个体的人所处的社会关系。

在人类的思想史上，许多思想家都对人的本质这一命题进行过探索。但由于认识水平的限制，都没有从根本上揭示人的本质的科学内涵。马克思主义在充分吸收前人研究成果的基础上，第一次对人的本质进行了科学的界定，为人类科学地认识自身作出了重大贡献。人的本质“在其现实性上，是一切社会关系的总和”。这是马克思主义关于人的本质理论的

① 陈勇、颜克成：《钱伟长人文教育思想及其实践》，《上海大学学报（社会科学版）》2013 年第 2 期。

② 茅于轼、岑科、李高阳：《无悔的历程》，浙江人民出版社 2010 年版，第 153 页。

核心内容，也是对人的本质的最科学的总结和界定。

由于人的社会生活和社会实践是多方面的，因而人们在社会生活和社会实践中所结成的相互关系也是多方面的。在这些关系中，既有物质关系、政治关系，也有思想关系、血缘关系等。物质关系包括生产、交往、分配、消费关系。政治关系包括党派关系、阶级关系、民族关系、国家关系等。思想关系中，有文化、艺术、哲学、伦理、宗教等关系。血缘关系中，有父母子女关系、夫妻关系、兄弟姐妹关系、亲属关系、家庭关系等。除此之外，人与人之间还有同事、朋友、师生、邻里等关系，这些内容丰富多彩的人际关系，涉及社会生活的方方面面，包括经济、政治、法律、道德、思想、文化、宗教、习惯等领域。人的本质就是这一切社会关系的总和，是一切社会关系的集中表现。当然，人与人之间最基本的关系是生产关系，它是社会关系中起决定作用的因素。马克思关于人的本质的科学论述，否定了以往关于不变的人的本质的观念，这是对人的认识的质的飞跃，不仅揭示了人的本质的奥秘，也为人们提供了认识人的本质发展规律的方法。

每一个人都置身于人与自然、人与社会、人与集体、人与人这几个基本的关系中，并且形成了政治、经济、文化这些构成人类社会的基本要素。正是这些关系与要素，构成了人的世界。

一、自然与人的关系

人来源于自然，但人不是一般的自然之物，人可以将自身从其他存在中提升出来，成为主体的存在。在人身上，自然第一次通过人脑达到了自我意识。在人类出现之前，没有哪一种存在不是自然的奴隶，没有哪一种存在不是按照大自然所给定的领域和方式存在。只有人类开始了对大自然的反抗与搏击，不断突破大自然给予人类的束缚，不断改善自身的环境。对大自然的反抗，确证了人的自由本质，确证了人超越其他一切自然之物的至高无上的地位。人的主体地位的确立和人对自然的不断征服，所带来的是自然的人化。正因为如此，如何看待和处理人与自然的关系，也就成了值得关注的课题。

人的全部生活都必须在自然环境中进行，人本身就是伟大的物质自然的一部分。人对自然界的依赖和自然界对人的反向依赖是同时存在的。借助于科学技术的手段，人们日益集约化地使用自然资源，从而大大改善了自己的物质文明条件和作为生物物种的发展条件。也正是在征服自然的同时，人类在很大程度上破坏了自己生命活动的自然基础。为此，人类在开发与利用自然的时候，必须充分尊重大自然的规律，在以人的尺度改造自然的同时，也要按照自然的尺度限制人的开发和使用，自觉地与自然之间建立起一种和谐的关系。既改造自然，又不因此破坏自然的和谐状态；既创造辉煌的人类文明，又不以破坏大自然为代价；既能够在对自然的改造中，牢固树立人的主体地位，又不会使人要求回归自然、领略自然魅力的希望破灭。最终达到处理人与自然关系的完美境界。

二、社会与人的关系

社会是由人组成的，人是组成社会的最基本的细胞。因为社会是置身于其中的所有个体人的有机结合，所以社会具有一种优越于其中的所有个体，并对他们施加影响的特性。人与社会的关系，也就是个人与社会的关系。个人是社会存在物，个人离不开社会。一个人如果离开了社会，就不再是真正意义上的人，不仅不具备人所必须具有的语言能力、思维能力，更谈不上具有创新能力。个人是社会的个人，没有社会，个人便不复存在。当然，社会也同样离不开个人，没有个人，也便没有了社会。经济、政治、文化是构成社会形态的三大要素。它们相互渗透、相互作用，直接影响与制约着社会的功能及其性质，也同样影响和制约着人的发展。

1. 人与经济的关系

人与经济的关系十分密切。经济是人类生存的基础，也是政治与文化存在的基础。人类的生存一天也离不开经济所提供的条件。经济的发展与人的发展关系密切，发展生产力就是发展人，发展每个人的天赋，也就是发展生产力。在信息高度发达，科学技术日新月异的今天，人才是最重要要的资本，就是这种认识的具体体现。在当今国际市场的激烈竞争中，竞争的焦点已经从以往的资本的竞争、资源的竞争，转向人才的竞争。人们把发展生产的着眼点，集中在任何开发人的智能，发展人的才能和创造性上。人们普遍认为，在物质条件既定的条件下，最大限度地发展人，也就能最大限度地解放和发展生产力。改革开放的方针之所以能够促进生产力的发展，从根本上讲，就是因为这些措施极大地调动了人们的生产积极性，极大地解放了人们的思想，激发了人们的创造性。建立社会主义市场经济体制的决定，之所以能够起到促进生产力高速发展的神奇效果，就是因为这一无形的巨手，悄悄地解开了旧体制加之于个人身上的束缚，使人们释放了大量的创造性的能量。随着这一体制的逐步完善，个人的创造性还会得到最大限度的释放。经济发展是人发展的物质条件，而人的发展又会促进经济的发展。在今天的社会，经济活动是人生活动的主线条，对其他的活动起着决定和制约作用。

2.文化与人的关系

文化与人的关系也是相当密切的。文化是人类主观精神的客体化。它的构成因素包括科学技术、文学艺术、传统习惯、道德法则、价值观念、宗教,以及潜藏在经济结构和政治体制之中的规范等。文化作为共同体的主观精神和创造力的历史性凝聚与积淀,对每一个初生的人,都具有施加影响的功能,让他们接受共同体的规范及生活方式。对个体以及群体人的性格、心理等内在素质的形成起着相当重要的作用。文化还是人类生活的必需之物。同时,文化的创新与发展也必须依赖于人,人是文化的继承者与创造者。

三、个体与集体的关系

集体是在人们为了从自然那里获取更多的东西,而自由结成的原始集体的基础上,不断发展而形成的。集体协作所产生的新功能,促使人们不断发展它、扩充它,使之成为庞大的社会系统。集体是有组织、有规则、有秩序的。这是集体存在并且持续发展的前提。集体所代表的利益,是集体中绝大多数成员的利益。为了使集体利益得到实现,就必须对组成人员进行约束,让他们失去一部分天然的自由。作为集体的成员,个体必须让出一部分自由和权利,以巩固集体的存在和运行。当然,如果一个集体对其成员的约束超过了一定的限度,使大多数成员失去的自由,超过了他们能从这个集体获得的好处,那么人们便要质疑这个集体存在的价值了。如何处理个人与集体的关系,是人生最基本的问题之一,也是生活中必须要作出回答的。应当公正地对待个人,也应当公正地对待集体。不公正地对待集体会影响个人的发展,不公正地对待个人,也会影响集体利益的实现。但集体毕竟是代表多数人的利益的，在必要的时候，为了维护集体的利益，应当毫不犹豫地牺牲个人利益。集体主义原则应当成为全社会成员奉行的人生准则。

四、人与人的关系

人与人的关系主要是指个人与个人的关系，也就是我与他的关系。这是人与世界的关系中最微观、最具体的关系。人与人之间的关系是人与世界许多关系中最令人困惑的问题。在人类历史上，西方许多思想家钟情于这一问题，形成了两个主要观点。一是认为他人是自己的朋友，在处理人与人之间的关系时，应当采取利他主义。18 世纪的法国哲人孔德是利他主义的乐观论的始祖，他虽然承认人的本性不是利他的，但他认为，可以通过教育来克服人的天然的利己倾向，培养出利他主义的情感。二是认为他人是自己的地狱，所以要以利己主义的方式处理人与人之间的关系。利己主义的悲观论的代表人物是 17 世纪英国的哲人托马斯·霍布斯。他认为，人天性自私、贪婪、仇视别人，为了自己的利益可以不择手段地去损害别人的利益，对他人要采取敌视和防范的态度。中国的思想家们对处理人与人之间的关系这一课题素有研究，仅从流传下来的诸如“己所不欲，勿施于人”(《论语·卫灵公》)、“老吾老以及人之老，幼吾幼以及人之幼”(《孟子·梁惠王上》)等人生格言，便可见一斑。许多经典的语句，仍然是今天人们为人处世的准则。“每个人自由发展是一切人自由发展的条件。”马克思、恩格斯的这句名言，应当成为今天人们处理人与人之间关系的原则与进行人与人之间关系研究的理论依据。

第二节 学习做人的内容

学习做人的内容十分丰富，既包括经验理论层面的学习，也包括人际交往的实践层面的学习，实践层面的学习更加重要。

一、当代大学生做人存在的问题

就总体而言，大学生群体在做人方面的主流导向是积极健康的。但在部分同学身上存在的问题，也是显而易见的，引起了社会上一部分有识之士的担忧。

我国当代著名的机械工程专家、著名教育家、中国科学院院士、长期担任华中科技大学校长的杨叔子院士，针对当代大学生做人方面的问题提出了他的“四不”观点：“对己不严厉、对人不感激、对物不爱惜、对事不满意。”笔者认为，他的评价具有一定的现实依据。

中国人历来尊崇的“严于律己，宽以待人”的处事原则在今天的大学生身上的确有被淡化的趋势。确实有一些同学在生活中，对学校、对老师和同学不够宽容，在与人相处中斤斤计较于物质利益和虚幻的精神利益。对自己则十分宽容和放松，甚至放纵自己的欲望。“君子博学而日三省乎己，则智明而行无过矣”（《荀子·劝学》）的古训已经很少被提起。作为个体的人本来就应该常怀感恩之心。感恩大自然赋予我们的阳光雨露，感恩社会群体对个体的关爱和润泽，学生应该感恩学校的锻造和老师的培养，感恩父母的养育之恩。感激一切该感激的人，感激一切该感激的事。而我们的一些同学总觉得外界的一切都对不起自己，社会为自己提供的成长环境过于恶劣，老师对自己的关心不够，同学对自己的关注更不够。对公共财物的爱惜体现的是一种美德，对自己财物的爱惜体现的也是一种素质。食堂里每天被学生扔掉的馒头、包子、米饭数量惊人，尽管是自己花钱买的，但是粮食无论如何是不该浪费的，应当尽量节约。而且现在上大学的开支本来就已经很大了，不应当再增加父母的负担。

在我们的抽样调查中，部分大学生们对学习做人的感受如下：

(1)在今天大学的人际环境里生活，做人是一件很难的事情。相当数量的人，存在做人方面的烦恼。

(2)我们每一个人都知道学会做人的重要性，但不知道从何做起，从何学起。

(3)读了不少关于做人的书籍，但总觉得书中的理论分析不得要领，读了有的书籍之后，更觉得做人的课题凝重，完全是一头雾水，朦朦胧胧。

(4)翻译过来的国外一些名人关于做人的体会和经验，很多没有借鉴意义，与中国的人际环境完全脱节，没有实际的示范作用。

(5)许多同学希望能从老师和同学那里学到实实在在的做人的本领，遗憾的是，很难遇到这样的老师和同学。面对的现实是：周围的许多人，包括同学和一部分教师，在做人方面也存在着困惑。

二、学习做人的内容设计

大学生学习做人的内容十分丰富，涉及为人处世的诸多方面，鉴于大学生活具有时间和空间的局限性，按照轻重缓急的原则，建议重视以下内容。

(一)做一个有道德追求的人

在人类的历史长河中,道德具有无穷的生命力,它不仅是个体的立身处世之本,也是社会存在和发展的基础。谚语云:“读书以潜心为要,做人立品为先。”这里的“品”,就是指“品德”,就是要首先“立德”。道德是评价人们外部行为和内在思想、内在信念的一种标准,是调整和约束人们言谈举止的一种规则和规范。道德具有十分丰富的内容,它不仅包括道德观念、道德思想和道德理论等道德意识现象,还包括道德原则、道德规范、道德范畴等道德规范现象,而且还包括道德教育、道德修养、道德评价、道德行为、道德选择等道德活动现象。道德是人类社会生活中所特有的,由经济关系决定,以善恶为评价标准,依靠人们的内心信念、社会舆论和传统习俗所维系的一类社会现象。对于个人来说,道德能够满足自我肯定、自我发展和自我完善的需要。道德对个人的人生价值,在于它使人在道德的价值的导向下,逐步达到自我完善,使人在社会上生活得更有尊严和价值。道德具有多种功能,道德具有认知功能,让人们认知自己负有的道德责任和义务。道德具有教化功能,通过评价、说理、事实感化、榜样或示范,培养人们的道德情感、道德信念、道德行为和道德品质,提高人们的精神境界和道德水平。道德具有调节功能,通过评价教育、示范、激励、沟通等方式,调节个人与社会、个人与他人的关系和行为。道德具有激励功能,激励道德主体积极进取和奋发向上。品德是一个人在长期的、一系列的行为中表现出来的习惯性的、稳定的、恒久的、整体的心理状态。品德是一个人的心理自我、一种人格、一种个性。正如黑格尔所言:一个人一两次行为所表现的偶然的、不稳定的心理状态和心理特征不是品德。一个品德的形成,来源于他长期的伦理行为。就学生个体而言，应当在以下几个方面着力修炼，逐步形成高尚的品德：

1.养成诚实守信的习惯

诚实守信是为人处世的一种美德，是做人做事的基本准则。许多人都认为，诚实是做人的第一要件。它的内容包括：忠诚老实、实事求是、光明磊落、忠实于事物的本来面目，不歪曲和篡改事实，不弄虚作假。守信就是信守诺言，讲究信誉和信用，履行自己应该承担的业务和责任。诚实和守信互为关联，诚实是守信的基础，守信是诚实的具体表现，不诚实的人不可能守信，不守信的人也不可能诚实。牛津大学的教授们告诫自己的学生：一个年轻人如果希望将来功成名就，他首先要以忠诚获得人家对他的信任，一个人如果学会了如何获得他人信任的方法，真要比获得千万财富更足以自豪。林肯是美国历史上最得民心的总统之一。人们对他的人格魅力进行研究后发现，诚实是使林肯赢得人心的主要原因。在我们今天的现实生活中，社会诚信的缺失已经成为社会公害，引起了人们的普遍担忧和不满。当代的大学生们，理应率先做一个诚实守信的人，为自己赢得良好的个人声誉和未来事业的合作伙伴与知心朋友。

2.养成节俭的习惯

在日常生活中，养成一些良好的习惯，对形成崇高的品德意义重大。著名科学家爱因斯坦具有良好的节俭习惯。有史为证，比利时国王和王后邀请成名之后的爱因斯坦去王宫做客。为了表示尊敬，国王特地安排了宫廷的小汽车去火车站接他。在司机的想象中，作为全球知名科学家的爱因斯坦一定是衣着讲究、风度翩翩的。他到处寻找着，可直到旅客全部走了出来，也没有发现他心目中爱因斯坦教授的影子。司机只有空车而回，他向国王如实禀报：爱因斯坦教授今天没有来。半个小时之后，穿着满是尘土的破雨衣，脚蹬一双旧皮鞋的爱因斯坦徒步来到了王宫。世界首富比尔·盖茨的日常生活的节俭是人们难以想象的，他去希尔顿饭店开会，为了节约12美元，不愿意将自己的车停在贵宾车位上。

世界著名的牛津大学是非常注重学生的节俭习惯的养成教育的。牛津大学的鲁宾逊教授认为，节俭是一个人所有美德中最纯朴的品质，它能使人具有自立的力量。牛津大学的教授们告诉自己的学生，一个人只有当他用好了他的每一分钱，该花的绝不吝啬，不该花的一毛不拔，他才能做到事业有成，生活幸福，对社会、对人类做出贡献。他们反复提醒自己的学生，在实际生活中，不急用的东西先不买，想买的东西等三日。这个劝人节约的金玉良言在今天还是管用的，从古到今，致富的人莫不身体力行。当手上有钱的时候，应该立即存入银行。

3.养成谦虚的习惯

著名作家司汤达在法国的文学史上以谦虚而闻名，因为他在成名之后仍然主动请求他人对自己的作品提出批评意见，这是非常难得的。他写完《红与黑》之后，主动找到作家梅里美，将有关章节读给梅里美听，请他提出看法和意见。梅里美听后，对其内容和技巧大加赞赏，而司汤达却说："它的优点抹杀不了，我念给你听的意思是想征得你的批评意见，而不是为了听你的赞赏。"著名作家梅里美对司汤达的谦虚低调的为人风格十分推崇，他对别人说："我没有见过任何人在批评时比他更坦率，或者接受朋友的批评更大方正直。"[①]从教育学的

① 《司汤达对待批评的谦虚态度》，《世界文学》1963年第11期。

角度而言，谦虚是一个人内在素质和外在素质的综合反映，是一个人道德素质、业务素质、心理素质以及文化修养的综合表现。它的内涵之丰富远远超出我们一般人的想象，谦虚可以使学生们获取更多的知识，可以使他们交到更多的朋友，也可以使他们得到更多成功的机遇。谦虚既是一种美德和品质，也是学习态度，处事态度，更是一种人生观和价值观，是人生一切内容的体现。就经济学的视角而言，谦虚是一种价值和资本，可以为人们赢得超常的利润和效益。从社会学的视角观察，保持谦虚的品德对人际交往有着不可忽视的作用。“高调做事，低调做人”已经成为时代的流行语和人们尊崇的为人风格。据我们观察，在现实生活中谦虚谨慎的人，往往没有出众的才华，才华出众的人，往往恃才自傲，狂妄自大，就像是鱼和熊掌不可兼得一样。既有真才实学，又能谦虚谨慎的人比较少见，如果有人需要标杆的话，那么周恩来便是一个值得效仿的成功且完美的例子。

4.养成不卑不亢的习惯

不卑不亢的含义是对待自己身边的同学和老师，一视同仁，同等看待，不因长相的优劣、成绩的好坏、经济状况的贫富而有所区别。大学校园的现实生活折射了今天社会生活的现状，尤其是经济状况的现状。多数学生的父母是普通的劳动者，有的长年在外打工，用自己的血汗为子女赚取大学的学费，这些学生生活简单清贫，学习刻苦认真，在学习中寻找着快乐。在社会生活中，一个具有道德水准的公民，应当是在位高权重、挥金如土的人面前，不趋炎附势，不阿谀奉迎；在平民百姓面前，尤其是进入城市谋生的弱势群体面前，不恃强凌弱，不仗势欺人在大学校园这一特定的生活环境，一个有道德水准的大学生，对待自己身边所有的同学和老师，其中包括学校的领导和学院的领导(如果有接触的话),都应掌握同一个为人标准,那就是不卑不亢,一视同仁。在家庭经济条件和社会资源都不及自己的同学面前,不狂妄自大。在家庭社会资源和经济状况明显好于自己的同学面前,不妄自菲薄。礼貌而平等地对待自己的同学和老师以及学校的领导,是我们提倡的为人处世的正确态度,也是我们倡导的大学人的为人境界。由衷地希望这种既承接传统又具有导向意义的为人风格,能够为今天所有的大学人所追寻,并且在未来的社会生活中继续尊崇,为净化社会的人际生态,特别是官场生态,增加健康而有益的因子。

5.养成宠辱不惊的习惯

由于我国高等学校的管理体制带有浓厚的政府管理色彩,官本位思想的滋长成为必然的结果,官场化的倾向和习惯普遍存在。在有的大学,个别管理人员的官僚习气比较严重,有些机关干部甚至对具有教授职称的教师发号施令。学生们称呼一些官气十足的学生干部为“学生官僚”,他们中的极个别人,年纪轻轻便沾染上了一些官僚习气,习惯于说假话、空话和套话。“宠辱不惊,看庭前花落花开;去留无意,望天上云卷云舒。”(陈继儒《幽窗小记》)我们郑重建议大学里的同事们和同学们,细细体味这副对联所蕴含的人生真义。

6.养成为朋友保守秘密的习惯

为朋友保守秘密体现的是一个人的人品。在人际交往中,从朋友将自己的秘密告诉你的一刹那开始,你就理所当然地拥有了为朋友保守秘密的责任,应该为承担这一重任而限制自己要与他人分享的冲动。因为朋友的秘密一旦被泄露,便有可能会给他带来某种程度的不利影响。能够为朋友保守秘密的人,可以赢得朋友以及周围同事的好感和信任,可以获得宝贵的人际资源。生活中的有些人，往往没有意识到责任的存在，轻易将朋友的秘密悄悄告诉他人，以至于秘密不断被传播，成为人人皆知的“秘密”，伤害了朋友的感情，辜负了朋友的信任，造成友谊的失衡，最终失去了朋友。

7.养成“成人之美”的习惯

孔子曰：“君子成人之美，不成人之恶，小人反是。”(《论语·颜渊》)成人之美不是为人处世的方法，是高尚人品的显现形式。还是要举苏秦和张仪的例子：春秋战国时期的苏秦与张仪是感情很好的同学，苏秦的学问虽然不如张仪，但机遇较好，做了六国的宰相，位高权重，名扬天下。张仪却时运不济，十分落魄。在万般无奈的情形之下，张仪只有投奔老同学苏秦。然而张仪的到来却受到了老同学无情的奚落。张仪一气之下断然离开苏秦，只身赴秦。苏秦暗中派人沿途照料，使张仪顺利到达秦国，才华出众的张仪后来被封为秦国的宰相，成就了一番大事业。这个故事笔者曾经多次在教学中引用过，也多次在著作中引用过，每次说起这个故事的时候，笔者都会拥有一种内心的感动。苏秦为了老同学的事业发展，为了不耽误老同学的美好前程，背着无情无义的骂名，为他创造出人头地的机遇，真是良苦用心，用心良苦啊！做人做到如此地步，真是难能可贵啊！

8.养成理解他人的习惯

能够理解他人，设身处地地为他人着想，同样是一种良好的做人品德。现实生活中的每一个人都渴望得到他人的理解：渴望上级能够理解自己人生追求的目标和价值取向，理解自己为人处世的个性，不要勉强自己成为上级喜爱的某一类人；渴望下级能够理解自己的良苦用心，支持自己的工作思路和具体措施；渴望同事能够理解自己的处境，对自己的一些做法宽容、大度。但却很少有人主动站在他人的角度思考问题，理解他人。被人理解的心理需求十分迫切与理解他人的心理储备不够并存。养成换位思考的习惯，便拥有了理解他人的基础，养成了理解他人的习惯，便可以从此减少许许多多的生活和工作中的烦恼，成为心胸博大的人，成为有修养的人，成为人们羡慕的超凡脱俗的“高人”。

（二）做一个热爱国家的人

爱国是一种神圣的情感，也是每一个公民应尽的义务。大学生应当充分发扬爱国主义的精神传统和时代内涵，积极参与实现中华民族伟大复兴的光荣事业。爱国主义是当今世界各个国家高举的一面精神旗帜，尽管由于不同民族，不同社会制度，不同文化背景，人们对爱国主义的内涵的理解不尽相同。爱国主义包括人们的爱国的情感、爱国的思想、爱国的意志和爱国的行为，是人们在处理个人与国家和民族的关系时，自觉地将个人的前途和命运，融入国家的前途和民族的命运之中。爱国主义既是一项重要的社会意识和社会道德规范，也是一项重大政治原则，更是一个国家和民族的凝聚力和向心力的源泉，是推动国家发展和民族进步的巨大精神力量。应当以实际行动践行爱国主义精神。

首先，要继承中华民族的精神传统。中华民族是由 56 个民族构成的具有 5000 多年历史的古老和伟大的民族。在 5000 多年的历史长河中，中华民族虽历经磨难，但生生不息，为世界文明作出了巨大的贡献。特别是在近代的反侵略、反分裂，争取民族独立和解放的伟大斗争中，形成了广泛认同的民族心理素质、民族思想情感、理想信念、价值取向和道德准则，形成了以爱国主义为核心的“团结统一，爱好和平，勤劳勇敢，自强不息”的民族精神。“团结统一”是爱国主义精神体现在处理民族内部各兄弟民族之间、各民族成员之间的关系上的要求，也是爱国主义精神的最基本的要求，因为祖国的统一和全中国人民的大团结，是中华民族大家庭里各个民族的成员得以繁荣昌盛的基本条件，要爱国，就必须保持民族的团结和统一。“爱好和平”是爱国主义精神的扩展和延伸，主要体现在处理本民族和世界其他国家各民族之间的关系问题上，因为当今世界任何一个民族的发展都不能是封闭的发展，而必须是开放式的发展。只有爱好和平，才能为自己国家和民族的发展提供必要的外部条件和力量的支撑。“勤劳勇敢”和“自强不息”是中华民族爱国主义精神的具体体现，也是中华民族精神的精华部分和核心内容，是中华民族繁衍和生存的精神根基。“爱国统一，爱好和平，勤劳勇敢，自强不息”的中华民族精神，是当代大学生理所当然应该加以继承和弘扬的。

其次，要自觉地维护各民族团结和祖国统一。我国是多民族的大国，民家的统一和民族的团结，是我们进行各项事业的前提条件。古往今来，一切爱国者，都把自觉地维护民族团结和国家统一作为自己神圣的使命。当代大学生应该继承历代先贤的优良传统，自觉维护国家的统一和民族的团结，同一切分裂祖国的行为和破坏民族团结的行为进行不懈的斗争。

最后，要努力提高自身素质，随时准备报效祖国。报效祖国是当代大学生人生价值实现的最高形式。每一位大学生都应当努力学习自然科学和社会科学知识，不断提高自身的修养，随时准备为了国家和民族的利益献出自己的一切。

(1)提高科学素养。每一个大学生都应该努力提高自己的科学素养，文科学生尤其如此。科学技术是推动精神文明发展的基础。科学进步必然会提高人类的认识水平，造成哲学观念和思维方式的变革，带来先进的文化传播工具，并对人们的价值观念产生重大影响。科学技术是推动物质文明发展的决定因素。科技成果转化为商品的周期在不断缩短,科学技术对社会经济发展的贡献率越来越高。科学技术是推动政治文明发展的重要力量。科学进步会造成社会阶级力量的新的对比,会导致生产关系的变化或革命,还会引起军事格局的重大变化,在新科技革命的形势下,能否抢占科技发展的制高点,已经成为社会主义和资本主义两种社会制度竞争的焦点。科学技术是推动生态文明发展的强大动力。科学技术是保障生态文明基础系统可持续性的重要条件,也是保障生态文明手段系统可持续性的重要条件,是生态文明的支撑。大学生要努力学习科技知识,把握科学的本质和科学革命的趋势,把握技术的本质和技术革命的趋势,把握科学技术的本质和科技革命的趋势。从国家富强和民族振兴的高度,认识学习现代科技知识的重要性,增强学习的自觉性,为国家的富强和民族的振兴贡献青春。大学生要大力弘扬科学精神,弘扬实事求是的精神,理性批判的精神,开拓创新的精神和包容协作的精神,以及人文关照的精神,加强学习和把握科技思想的自觉性和主动性,充分认识运用科学态度分析问题和解决问题的重要性,努力提高自身的科学道德素养和科学实践能力,做一名具有较高科学素养的大学生。

(2)提高人文素养。人文科学是研究人类的信仰、情感、道德和美感等各门学科的总称。在今天的西方,有人将人文科学和自然科学、社会科学并列为人类社会的三大科学,重要性由此可见一斑。大学生要提高人文素养,应该注重以下几点:①培养求真的态度:“真”常常与“美”和“善”一起,共同构成人类精神追求的三大基本价值取向。在这三大价值取向当中,“真”带有根本性和基础性。②培养扬善的习惯:大学生应当十分注重在日常生活中，制止不道德的行为，发扬道德的行为，从大处着眼、从小处入手，提升自己的道德品质。③培养审美的情趣：真和善的结合就是美，美是真和善的升华。大学生的审美情趣应当是爱好美和珍惜美，不仅要提高审美能力，还要善于在生活和工作中创造美和表达美。

第三节 大学社区之一：师生情缘

如果从社会学的视角观察，大学校园实际上是一个社区，因为它完全具备社会学界定的一般社区的特征。社会学家认为，作为和一定区域相联系的社会生活共同体，尽管其范围有大小，大到一个国家，小到一个村庄，但都可以称之为“社区”。社区作为社会的实体，一般应当具有五个显著特征：第一，以一定家庭关系与社会关系为因素组织起来的共同生活的人群。第二，人群赖以从事的社会活动具有一定的地域界线。第三，具有一套相互配合的、适应各社区生活的关系的管理机构。第四，具有一整套完备的生活服务设施。第五，形成了一定社会经济发展水平和历史文化传统的社区生活方式以及与之相联系的社区成员对所属社区的情感上和心理上的认同感和归属感。大学校园显然具有上述五个特征，既有共同生活的人群(教师和学生共同生活)，又有一定的地域限制(局限在校园范围内)，还有一整套的校纪校规作为规范，而且食堂、商店和银行等生活设施齐全，并且形成了大学组织自己的文化和传统。大学生群体完全有可能，而且十分应该，充分利用大学社区的一切资源，其中包括人际资源环境，实习做人，提升做人的修养，磨炼做人的技能。

大众化教育的大环境极大地拓展了大学教师的生活和

工作空间,他们的视野不再仅仅局限于传统的精神领域和学术领域,他们已经在更多领域找到了自己的兴奋点和着力点,并且取得了诸多的建树。他们的生活和工作的范围远远超出了大学的校园,与社会的联系和互动日益紧密,并且成为引领社会生活的主流力量之一。大学生群体随着“扩招”而发生了结构性变化之后,他们的人生的期望和实现方式也在日益发生着变化。学生群体与教师群体两大群体之间的关系,也由一元的简单走向了多元的复杂。学生与学校之间的情感关系的变化最为明显。学者郭为藩在所著的《转变中的大学:传统、议题与前景》一书中指出:“今日的大学生对所谓母校的认同似乎不如从前,因为他们对学生角度的认知也在转变,他们或他们将自己看做是知识的消费者,他们在乎的是价廉物美与适合个人品位的产品;大学文凭是他们建构生涯的工具,也是身份的装饰,当代大学生对校园的认同已相当冷漠。”①他认为,传统的大学校园是师生一起从事教学与研究的生活社区,每日几乎都可碰面,茶余饭后的闲谈中有学术切磋,更有脑力激荡,当然也有情感交流,而电子时代的大学校园,教师与学生每日面对的是计算机终端,师生之间的活动相当一部分是在网络上进行的。师生之间交流的机会变得越来越少。

一、大学师生关系的类型与特征

(一)师生交往的类型

在全球化、市场化、网络化的今天,师生关系出现了具有

---

① 郭为藩:《转变中的大学:传统、议题与前景》,高等教育出版社 2004 年版,第 92 页。

时代特征的变化。有的学者从人际梳理、心理感受、历史传承等综合因素考虑，将师生关系归纳为以下几种类型：

(1)权威型师生关系。这种关系也称“占有式师生关系”，其主要特征是，在这一关系中，教师处于主导地位，学生处于被动地位，学生必须对教师言听计从，否则就会受到教师的惩罚。这种师生关系有利于教师权威的确立，有利于教学秩序的维护；但不利于学生创造性思维的形成和个性的发挥，不利于学生独立人格的形成和自我意识的确立。

(2)放任型师生关系。这种师生关系有利于消除教师的过度权威，有利于调动学生的积极性和创造性。但也有可能陷入放任自流，学生缺乏必要的引导和约束。

(3)民主合作型师生关系。这种关系有利于确立师生双方的主体地位，有利于师生之间的良性互动，但具体的合作方式需要制度的保证和教育理念的更新。

我们从市场化的角度，对时下大学的师生关系进行描述，认为可以分为情谊关系、利益关系、工作关系、交易关系等四种类型：

(1)情谊关系型。这种师生关系类型秉承了传统师生关系的遗传因素，注重师生之间的情感的培植和沟通，师生的交流维系在情感的层面。这种师生关系应当是大学师生关系的主流。具体表现是：老师和学生之间在日常的学习和生活中，由于直接的而不是在虚拟社区中的交流，而建立了一定的师生情谊。个体的老师在学习和生活上关心个体的或者是群体的学生，为他(他们)的成才和成人提供力所能及的帮助，包括课堂上的“传道、授业、解惑”，课堂之外的平等的朋友式的交流，共同探讨有兴趣的社会问题。有的老师还在经济承受力允许的范围内，给予学生经济上的资助。个体的学生爱戴个体的老师，为老师做一些力所能及的小事情。师生之间和谐相处，情谊浓浓，其乐融融。

(2)利益关系型。由于市场经济主流价值观的影响，金钱进入大学师生的交往领域不可避免。老师的科学研究活动需要人手，自己的学生自然成为首选群体，学生需要进行专业的实践活动，跟着自己的老师做事自然是最佳的选择。师生之间除了情感的关系之外，又具有了一定的经济利益关系。这种新型的师生关系是时代的必然产物，在未来的师生关系中，比例还会逐渐增大。这种利益关系是师生之间正常的利益交往，互利互惠，符合市场经济的利益交往规则。双方作为交易的主体的地位是平等的，是自愿的公平的交易，是师生之间的资源的互补和优化的组合，有时候其中还蕴含着情感的成分。比如，老师让家庭经济困难的学生为自己的研究课题做一些简单的工作，这其中很可能包含着老师对学生的同情心和爱心，还具有特别的关照之意，不是完全意义上的利益交换。老师为贫困生提供工作的机会，给予贫困生的不仅是经济上的帮助，也是情感上的抚慰，甚至是自信心和自尊心的获得。现在大学里的研究生习惯于称呼自己的导师为“老板”，这种称呼的改变也正是这种师生关系的反映。

(3)工作关系型。由于林林总总的考核指标的出现和量化管理的方式的盛行，大学教师群体的工作任务变得繁重而具体。他们几乎整日忙于教学和科研的活动之中，属于自己支配的时间和精力变得越来越少。相当一部分教师感到身心疲惫。在学生们的眼中，老师一下课便走人，已经成为他们的一种工作常态，师生之间根本没有交流已经是十分正常的情形。学生们也同样很忙碌，一节课结束以后，使要匆匆忙忙地去赶下一节课，还要忙着去实习的单位工作，没有一定的工作经历将来找起工作来会非常麻烦。下课以后的学生们，迅速离开教室，给人的感觉是跟老师说“再见”的时间都没有，这种学习模式已经成为学生们的常态。课堂上的师生，在课下变成了完全意义上的“路人”“陌生人”。北京大学、清华大学、北京师范大学等著名高校的大二、大三的本科生百余份调查问卷的结果显示：76%的学生认为，现在学生与老师的关系就是教授与被教授的关系，也就是我们所谓的工作关系。[①] 大众化教育语境下的大学，教师和学生交流情感，已经成为一种非常态，成为一种主观的奢望。

(4)交易关系型。这种师生关系的类型是近些年在大学校园里出现的。从经济学的角度讲，交易的形成是交易者双方自愿的行为，交易双方在交易行为中的地位是平等的，不存在任何一方强迫另一方的难题。新近出现的大学生与教师之间的交易关系，不是经济学意义上的交易关系，而是教师利用自己的学术权力和个人影响引导学生进行交易，带有明显的不对称性。教师处于强势的地位而学生处于明显的弱势地位，交易的主体双方是不平等的交易。

实际情况是，当代大学的师生关系的现状要比人们的一般认知复杂得多，也深层得多，远非上述几种类型可以涵盖，发生这些关系变化的原因就更加复杂，也更加多元，是政治和经济、文化与科技多种因素共同促成的结果。政治领域的开放改革与社会主义民主政治建设极大地增强了人们的平等意识，教育人际领域的师道尊严变成了教师与学生之间的平等和谐相处。经济领域经济主体地位的彰显，强化了人们的金钱意识和人生价值意识，人们已经不满足于精神领域的自身

---

① 参见宋佳音：《传统师生关系并未消失》，《河南教育(高教版)》2008 年第 7 期。

的价值实现，还追求物质领域的自身价值的实现。教师与学生都已经不再安于贫困清苦的物质生活，与社会所有的成员一样，追求应当属于自己的物质生活和物质享受。社会生活领域的宽松和自由引导了人们的个性追求和自主意识。一部分教师根据自身的条件开始设计自己的生活，追求个性化的物质生活和精神生活，有的开始向往高档的奢华的生活环境，不再将自己全部依附于自己服务的学校而开始独立构建自己的生活体系。一部分学生也不安于单调的学习生活，开始独立地涉足社会生活的某些方面，开始了局部领域的实践和探索。教师与学生群体人生追求的变化，自然而然地引起了师生关系的变化。我们认为，面对逐渐变化的社会环境和大学的人际环境，不管师生之间能否在物质上互相帮助，精神上都应该彼此温暖，因为精神的需求毕竟是长远而永恒的。作为长辈的教师，应当在自己力所能及的范围内给学生们以关爱，特别是精神上的关爱与抚慰，在学生的身上获取不正当的个人利益的行为应当受到人们的谴责。学生应当尊敬教师，尊重教师劳动的特殊性和神圣性，维护教师在知识领域的神圣和尊严。我们有理由相信，随着现代大学制度的逐步建立，继承中国教育传统，又与大众化教育环境相适应的全新的师生关系，一定会更有利于师生的全面发展。

（二）师生交往的特征

一般认为，师生交往的主要特征应当包括言语性、知识性、情感性和学术性。

1. 言语性特征

哈贝马斯认为，人际交往中言语因素是第一位的，没有语言的运用及其作用，就没有交往行为的产生，因为交往行为的主要形式是主体间的诚实对话。师生之间的交往，也同样是借助于语言的媒介作用达成的。

2.知识性特征

在师生交往中,知识无可争辩地处于核心地位,这是由教育的本质属性决定的。师生交往的主要场地是学校,主要方式是教与学的互动。由于学校是传授知识的场所,知识便理所当然成为人们交流的核心内容。

3.学术性特征

在大学生活阶段的各项活动中,存在着大量的学术活动,学术活动的存在决定了师生学术交往的存在,这种学生与教师之间围绕着科学研究而展开的对话和交流,体现着师生交流的学术性特征。大学的学术自由、学术争鸣和学术合作的文化氛围,为师生的学术交往提供了极大的空间。

4.情感性特征

师生之间的交流更重要的是一种情感的交流,是情感的沟通、理解和互动的过程。正像人们常说的,是人对人的主体间灵魂的交流活动,如果将师生的交流活动仅仅看作是一种知识的交流和学术的交流,是极其片面的。教育心理学的基本原理告诉我们,教师的教学过程是培养学生心智的过程,是师生心理交流的过程,是师生情感融合、包容、互助的过程。更是人间“爱”的交流和互通。

二、师生交往的有效实现

怎样才能与教师进行有效的沟通呢?首要的前提是:尊重教师,尊重教师的教学活动,尊重教师的科研活动,尊重教师的学术权威。高明的学生还应当学会表扬教师,并且能够理性地辩证地接受来自于教师的批评和建议。

(一)尊重教师的教学

就一定意义而言,教师是精神领域特殊的个体的劳动者,他们的劳动过程是付出心血和情感的过程,他们应该得到超越一般劳动者的特殊尊重。尊重教师,可以从尊重教师的课堂教学开始。课表一旦排定,师生之间的契约关系便确立了,师生双方应当共同遵守职业伦理,教师应当按时到指定教室保质保量地完成教学任务,学生应当准时去教室听课。作为教学主体的教师,如果自己因为某种原因不能履行职责,应当事先得到教务部门的批准,并且提前告知学生。学生如果不能参加正常的教学活动,应当提前向教师请假,说明不能听课的理由,请求教师批准。就一般意义而言,只要学生请假教师一般都会批准,尽管不是所有的教师都真的相信学生请假的理由。不经请假,随意不参加教师的课堂教学活动,无论如何是不应该的,应当看作是对教师劳动的不尊重。时下,逃课似乎已经成了大学的一种文化现象,一些同学的通行做法是“必修课选逃,选修课必逃”。教师为了督促学生上课,想了很多办法,但收效甚微。

(二)尊重教师的学术和人格尊严

传统的“教授治学”思想的内涵就是指教授们应该拥有学校的学术权力,他们在涉及学术问题方面应该具有一定的发言权,如学生科研成果评价,学术论文的评价,研究生录取的面试等方面。学生应当尊重教师的学术权力,注重教师的学术权威。有时还要尊重教师的科研成果,尽管你完全不同意他的学术观点。师道尊严是中国的教育传统,相当于其他社会阶层的人士来说,教师群体的尊严意识是比较强烈的,其中既有传统因素的影响,也有现实因素的考量。在与教师的相处中无论何时,都不能伤害他们的尊严,尊严受到伤害的教师，有时也会走向极端，作出一些惊人的举动。来自于教师的批评是大学生活中最为宝贵的精神财富，其珍贵的程度甚至远远超出获得的奖励和证书。不管教师批评的方式是暴风骤雨还是冷嘲热讽，都应当透过这些外在的表现形式，全面理解批评的内容，并且进行认真的梳理与分类，筛选出有用的信息。虽然不是大人物，但应该培养“闻过则喜”的大人物的心理宽度。当然，任何人的批评对自己来说都只能作为重要的参考，不能在他人的批评中迷失了自我。

（三）学会欣赏自己的教师

学生的表扬和赞美对教师来说，是一种精神财富，是莫大的精神愉悦。表扬教师应当注意心理学家的提醒：能够引起别人好感的表扬必须是发自内心的热情诚恳的表扬，不掺入任何功利性的杂质。有鉴于此，发出的表扬应该真实可信，并且不会让教师产生任何不必要的联想。最高层次的表扬是出乎教师的意料之外，让教师的内心激起极大震动。坚持在背后表扬教师是非常实用的方法，德国的铁血宰相俾斯麦为我们提供了成功的范例：俾斯麦为了拉拢一位敌视他的议员，有计划地在其他人面前赞美这位议员，当那位议员从不同的渠道听到俾斯麦对他的赞美之后，果然改变了先前的看法。后来，两个人成了无话不谈的政治盟友。实践证明，被第三者传递过去的表扬，比当面的赞美更加有效。

三、与学校管理人员的有效沟通

从学生的角度而言，大学内部属于管理人员范围的人员，既包括处于学校管理顶层的党委书记、副书记和校长、副校长，也包括处于学校管理底层的辅导员、教学秘书、行政秘书，自然也涵盖处于中间层次的学院书记、副书记和院长、副院长。

(一)争取直接接触一下校党委书记或校长

在传统的人际交往的语境下，人与人之间的交流与沟通主要是采取“面对面”的方式进行的。但是，随着时代的进步与科技的发展，人们的交流方式逐渐由“面对面”转向了借助于现代的通信工具，交流的方式由单一走向了多元。邮政的出现，大大拓展了人们文字交流的距离，电话的出现大大延伸了人们声音交流的距离，不具备面对面交流条件的人们仍可以通过文字和声音进行沟通。尽管这种沟通失去了传统面对面沟通的直接互动和体态语言的无声交流的生动与鲜活，但是同样可以达到一定程度的沟通信息和交流感情的目的。随着互联网进入人们的生活，人们的交流方式似乎在一夜之间被彻底颠覆了，“网友”成为了时代的流行词汇与社交语汇，网上聊天成为了年轻人的主要消遣方式和沟通方式。他们在网上学习网上交友、网上购物等，就这一点而言，称他们为“网络一代”是恰如其分的。需要提醒同学们的是，无论人际交往的方式变得如何先进和现代，都不应该忽视“面对面”交流这一似乎传统但直接的形式。因为这种交流是全方位的，也是深层次的。在大学四年里，与书记或校长进行一次面对面的交流，而且争取时间在20分钟以上，是笔者多年来向学生推荐的一个切实可行的建议。按照现有的干部政策规定，大学校长属于高级干部，普通高校的书记和校长一般都是正厅级，国内知名的大学书记和校长一般是副省级。尽管现行大学领导的行政级别的客观存在，受到社会的强烈抨击，认为是大学失去创造性的主要诱因，高层领导也明确指出高校应当去行政化，取消行政级别，但业内人士仍然认为，在今天中国几乎所有的企事业单位都存在行政级别的情况下，单独取消大学的行政级别会使大学面临尴尬的境地，是对教育地位的贬低。中国人民大学前校长纪宝成明确表示："我个人认为，取消高校行政级别是个努力的方向，大学确实不应该有行政级别。大学的行政级别有时让人感到很尴尬，比如人民大学的经济学院、法学院那么大的学院，那么多知识分子聚集，只是个处级，而外面一个人数少得多的研究所、一个普通的杂志却是厅局级，这难道不认为是一种令人尴尬的制度安排吗？但中国目前是以行政级别来衡量社会地位的，住房、医疗、政府谈话、民间交流全跟行政级别连在一起，没这个什么都干不了。在我看来，除了政府机关之外，所有企事业单位都不应该有行政级别，但应该有另一种制度安排。如果整个社会环境不变，又没有别的制度设计，单单把学校行政级别取消，学校与社会沟通对接怎么解决呢？"[①]

不管有没有行政级别，党委书记和校长都是管理一所学校的最高领导，他们对学校的改革和发展起着引领作用。他们的办学指导思想和办学理念，乃至为政的风格，对学生的成长和成才具有一定的影响力。从专业的角度而言，他们很可能还是某一个领域的专家，是具有较高教学水平和科学研究能力的教师。在大学四年，至少要争取有一次与党委书记或校长正面接触的机会，锻炼自己的胆量和勇气。与他们聊上几句肯定会有特别的感觉，对大学的理解会进一步加深。

（二）与辅导员保持定期的沟通

我国大学特有的学生辅导员队伍，是大学里既普通有特殊的群体。所谓普通，是指他们是大学直接面对学生最为基层的政工干部。所谓特殊，是指他们的职能横跨政工、教学、

---

① 纪宝成：《人民大学校长：取消高校行政级别将贬低教育》，2010 年 3 月 3 日《新京报》。

管理三个领域。他们既是政治工作干部，又是从事教学工作的教师，还是学校的基层管理人员。对于学校来说，辅导员是进行德育工作，开展大学生思想政治教育的骨干和组织力量。对于大学生来说，辅导员是他们健康成长的指导者和引路人。辅导员是直接面对学生的学校底层管理人员，他们承担着对学生进行思想政治教育和日常管理的重要工作，学校的办学理念和各种规章制度，都必须通过辅导员的工作，才能在学生那里得到落实。他们的政治水平、政策水平、管理水平和敬业精神以及工作的效果如何，不仅直接关系到学校的声誉，也直接影响着学生的健康成长。目前，我国高校辅导员队伍的总体状况是比较好的，绝大多数辅导员具有过硬的政治素质和业务水平，能够胜任岗位的要求。但是也不同程度地存在专业认同感低、理论信念不强、育人观念薄弱、受社会不良风气影响等问题。不是每一所大学的每一个辅导员都能够完全胜任自己的工作。正是因为学生的大事小情都要通过辅导员才能得到解决，所以应当与辅导员保持良好的互动关系。要与辅导员保持经常性的联系，并使之成为一种习惯。在校学习和生活期间，至少每周应该与辅导员沟通一次，如果不能见面直接沟通，应当发个短信或者在 QQ 群上与辅导员聊上几句。寒假和暑假期间，也应该尽量争取与辅导员通过手机、QQ 等方式交流数次，让辅导员了解自己假期的学习和生活情况，避免与“组织上”失去联系，在有困难发生时，及时向辅导员求助。可以利用业余时间，帮助辅导员做一些力所能及的小事情。辅导员是大学里的“村干部”，工作具体而且琐碎。辅导员整天有忙不完的事情（不负责任的除外），他们戏称自己是“眼睛一睁，忙到熄灯”。尽管自己不是学生干部，但在学习之余也完全可以主动去为辅导员做一些跑跑腿的小事情，不仅可以减轻辅导员的工作负担，也可以锻炼自己的工作能力，还有利于自己在同学中树立良好的大众形象，是一举多得的好事。

第四节　大学社区之二：同学情深

同学关系在大学生活中与师生关系同等重要。从一定意义上讲，大学四年能否处理好同学之间的关系，决定着大学生活的质量和效率。大学生活的绝大多数活动，都是在与同学的互动中进行并且最终完成的。良好的同学之间关系可以延续到毕业以后的后大学时代，乃至终身，成为自身发展的重要人际资源。由于大学时代同学的提携而改变自己的人生轨迹，成就一番大事业的案例，不胜枚举。有时候，还会影响到下一代的学习、工作和生活。在当今世界的政界、商界、学界，同学之间的黄金搭档，也普遍存在。与同学的和谐相处，不仅关系大学阶段的学习、生活的需要，也关系到今后工作、生活和事业的发展。

一、与室友相处之道

寝室是大学最为基本的学习、生活单元，与寝室同学相处应当具有四种意识：

1. 平等意识

学生寝室内部人际环境的好坏，对其成员的身心健康至关重要。寝室的生活环境，直接影响成员的健康生活习惯的形成。彼此之间的思想、情感交流及其相互影响，对其世界观和人生观、价值观的形成与变化，起着潜移默化的作用。寝室内部和谐的人际环境，就宏观而言，有利于其成员的成长与成才。就微观而言，有利于他们形成良好的学习习惯和生活习惯。不和谐的寝室环境，不仅不利于好的学习和生活习惯的养成，还有可能造成身心的伤害。发生在云南大学的“马加爵事件”，以及后来在一些学校发生的“类马加爵事件”，就是最好的证明。常言道：“有缘千里来相会，无缘对面不相识”，有幸在人生最美好的大学阶段，同住一个寝室，按照佛家文化的观点，是多少年修来的缘分，应该倍加珍惜。不管来自哪里，大家就是兄弟（姐妹），就应当真诚相待，平等相处，共同学习，共同进步。来自于大城市的同学，可以帮助来自于农村的同学尽快适应城市生活，家庭经济条件好的同学，可以主动帮助家庭经济条件不好的同学，形成平等、和谐的氛围。

2. 分享意识

住在同一寝室的同学，就是“一家人”。“一家人”之间，就应当有共同分享的意识。在寝室的共有空间里，共同分享友谊、共同分享零食、共同分享生活用品，进而共同分享成功的快乐，共同分享失败的痛苦。有意识地包裹住自己，将自己游离于寝室文化的氛围之外，是一种不明智的选择。

3. 公共意识

寝室是大家共有的空间，每一个成员都应当有公共意识，注重其他成员的生活与学习习惯，在不断的相处中，成为大家共同遵守的规矩。限制自己原有的生活习惯和学习习惯是必然的，每一个人完全根据自己的作息习惯，安排生活和学习，寝室同学的关系肯定会亮起红灯。

4. 互助意识

同寝室同学之间的关系，还应当是一种互助的关系，帮助室友做一些诸如打一打开水，擦一擦桌子，传递一些小信息等事情，是理所当然应该做到的。应当成为集体生活的本能反应。

二、与同班同学的和谐相处之道

"班级"的概念，来源于欧洲的"班级授课制"，是与"个别教学"相对应的概念。最早的班级可以追溯到公元1世纪上半叶的古罗马，当时的教育家昆体良十分称赞并论证了这种教学形式的优越性，而且进行了分班制教学的尝试。在中世纪，由于受教会的控制，分班制教学被取消，代之以"个别教学"，并且逐步成为主流。进入16世纪以后，欧洲的一些学校又开始了分班制教学的尝试。最早使用"班级"一词的是文艺复兴时期的著名教育家埃拉斯莫斯。最早提出"班级授课制"的是捷克教育家扬·阿姆斯·夸美纽斯，他在《大教学论》中提出了"用一个教师来教一个班级，用统一的教科书和统一的方法，有明确的教学目标和具体实施过程"的构想。① 我国采用班级授课制开始于1862年的京师同文馆，1902年《钦定学堂章程》颁布以后，逐步变成了全国学校的教学组织形式，历经民国时期，一直沿用至今，没有发生大的变化。在今天中国的大学，班级既是最基本的教学单元，也是大学内部的最底层的学生组织，学生的主要学习活动和娱乐活动主要以班级为单位进行。当然随着形势的发展和变化，随着学分制和选课制的逐步推广，传统的班级组织也正在悄然发生着变化，固定的班级组织正在向"动态化"的方向发展，班级的界限被淡化，固定的结构出现了一定程度的松动。尽管如此，时至今日，班级作为大学学生组织的基本单位的地位并没有发生根本的变化，人们仍然需要重视班级的作用和功能的发挥。

《高校当代学生组织研究》一书将高校班团团组织的主要

---

① 参见[捷]夸美纽斯：《大教学论》，傅任敢译，教育科学出版社1999年版，第17页。

作用归纳为以下四个方面：第一，大学的学生班团组织是学生展开社会交往的基本平台。因为从本质上说，人不是孤立的存在，而是社会的存在。社会交往是人的本质属性和基本需求。大学生活和学习也不是个体行为，需要群体的沟通和交流，从群体中获得反馈。班级组织为学生的沟通和交流提供了最基本的相对稳定的平台。第二，班级组织有利于校园精神的凝聚。大学的班级组织客观上促进了内部成员的交流，是他们最初的精神家园。同学们之间在学习和生活中建立的友谊和情感是班级组织的巨大魅力和独特的文化，也是大学校园里靓丽的风景。第三，班级组织为学生的全面发展提供了必要的组织支持。大学里的许多资源不是直接提供给学生个体，而是通过一定的组织进行分配。大学里的许多活动也主要是以班级为单位进行组织和开展。第四，班级组织的存在有利于学生事务的管理。班级组织是学生们自我管理的基本单元，班委会和团支部承担着班级日常管理的大部分任务。当然，我国大学班级组织也面临着一些需要进一步改进的方面。诸如班委会和团支部、党支部的关系需要进一步理顺，功能有待于进一步发挥等问题，均有待于进一步探索。①

作为个体的学生，应当十分重视班级组织在自身生存、成长和发展中的作用，十分注重同班同学之间的学习交流和人际沟通。大学生应当注意以下五个方面的问题：

(1)不要有意无意地使自己游离于班集体的活动之外。只要是班级举行的活动，不管是学习性质的，还是娱乐性质的，也不管是班委会和团支部召集的，还是辅导员和班主任组织的，都要热情参加，并且服从组织者的角色分配，扮演好自

① 参见尹冬梅：《中国当代高校学生组织研究》，时事出版社 2008 年版，第 111 页。

己的角色，没有特殊的情况，绝不放过与同学们交流的机会。

(2)珍惜为同学服务的机会。如果有幸当选为班级的干部，赢得了为同学们服务的机会，应当倍加珍惜。大学时代，有担任学生干部的机会是很难得的，不仅可以锻炼自己的工作能力，还可以通过为同学服务增进了解和友谊，说不定会在服务中交到终身受益的知心朋友。

(3)在所在的班级，至少有一个谈得来的同学。“朋友是另外一个自己”，人的一生中不能没有朋友，人生的不同时代都需要友谊的支撑。哲人说：“人生得一知己足矣，斯当以同仁怀之！”生活中的每一个人都有倾诉的需求，有一两个知心朋友可以倾诉衷肠是一件幸运的事情。大学时代至少要有一两个谈得来的朋友，最好是同班级的同学。

(4)表扬同学要及时。表扬他人的生活细节是人们常用的赞美办法。有的同学十分在意自己的发型，经常整理和修饰，如果有同学注意到了这一点，那么这位同学会觉得十分开心，关系可以迅速拉近。有的同学喜欢一些小饰物，常用来装饰书包、手机等学习和生活用品，如果赞美几句，会很有效果。表扬同学的时候还可以夸张一些，大胆发挥，说擅长演讲的同学将来会当宣传部长，经常洗被子的同学将来能当卫生部长是完全可以的。

(5)批评同学要慎重。独生子女这一代大学生的心理承受能力的状况是人所共知的。特别是“80 后”“90 后”的大学生群体，心理承受能力更加脆弱。有鉴于此，对自己的同学进行批评是必须严肃对待的事情。发出批评的主体，必须选择批评的最佳时机和最佳场合，还要注意周围的人际环境。一般说来，如果有同学主动要求对他的学习和生活以及工作中存在的缺点和不足进行批评指正时，是发出批评信息的最佳时机,如果不以诚相待,反而会疏远彼此的感情。经验表明,批评他人一般不要选择在公开场所进行,同学之间如果出现了一些“小过节”,可以私下进行沟通。在大庭广众之下当众批评别人,是一种不人道的做法。有的同学居然在人家的男朋友(或者是女朋友)在场的时候批评人家的缺点,没有出人命,真是幸运得很。应当着重指出的是,我们批评同学的目的,是为了帮助同学改正错误与缺点,是为了“惩前毖后,治病救人”。批评中自然应当融入关心和爱护的情愫,避免伤及被批评者的自尊心,特别是心灵深处的“痛点”。每个人都有自己的长处,也都有自己的短处和痛处,著名的大师级人物都不例外,杨振宁当初学习实验物理时,连最基本的实验也做不好,以至于他的同学中流行一句名言:哪里有爆炸,哪里就有杨振宁。大学生们同样如此:能歌善舞者往往考试成绩惨不忍睹;成绩优秀者往往在运动场上出尽了洋相。应当避免触动人家的“痛处”,避免伤害被批评者的人格和自尊,以免造成难以弥补的人际裂痕。同学之间的批评是平等的交换意见,更是平等的交流感情,但口气应当舒缓,速度应当缓慢,让被批评者有反思的时间和空间。

第五节 做人技能的提升

在人们的日常交往中,语言表达是一种最为常见和最为重要的方式。个体的语言表达能力,直接影响着人际沟通的效果。自我的语言的应用和表达能力和倾听他人表达的能力,是应当着重进行培养的。

一、学会倾听:胜读十年书

据史料记载,英国那个不爱江山爱美人的爱德华八世,之所以不顾朝野上下的一片反对之声，坚决要娶一位美国的寡妇辛普森夫人为妻，并且不惜最终退位，变成温莎公爵，就是因为那个辛普森夫人具有常人不具备的超强的“倾听”本领。爱德华八世坦言，与她交谈“是人生最美的享受，可以使自己的情绪和智慧发挥到极致”。

这件走入了历史的事件，恰恰印证了伟大的文学家莎士比亚的话“无言的纯洁的天真，往往比说话更能打动人心”。

（一）神情专注

研究显示，在人们的语言交流活动中，入神的姿态和专注的神情所表现出的积极的倾听态度，会使对方产生强烈的与之交谈的欲望。交谈的过程也会似“老友喜重逢，他乡遇故知”，不吐不快。社交专家普遍认为，倾听的最高境界，绝对不是机械地使用听觉器官，而是艺术地应用自己的心灵，是让对方着实地感受到是用整个身心在倾听，是用来自心灵深处的强烈渴求和深层的共鸣在倾听的过程，是真诚的共鸣的过程。人们学会了高层次的倾听，可以接收到人们在常态下难以接收到的信息。因为入神地倾听信息，会刺激谈话者的情绪和性情，并在其支配下，说出精彩的观点和看法，甚至连说话者自己都没有预料到的精彩言论。授课教师面对同学们入神的倾听，肯定会有精彩的讲授内容呈现于课堂，使在场的同学受益匪浅。用入神的倾听面对同学，不仅可以接收到许多有用的学习和生活信息，而且会赢得良好的人缘。入神的倾听中，包含着对同学和教师的尊重。我国的民间有一句谚语：“会说的，不如会听的！”其中蕴含着很深的意义。

（二）可以用肢体语言发出“赞赏”的信息

在倾听的过程中，为了使对方的谈兴逐步升温，最终停留、徘徊在最佳状态。高明而且实用的方法，是通过自己的肢体语言，向对方发出无声的“赞赏”信息。在聆听教师讲课的时候，可以用“频频点头”的方式，向教师传递出“赞赏”的信息。在倾听同学发表高见时，可以“面带微笑”表示欣赏，还可以发出“啧啧”的称赞之声，或者将自己的身体前倾一点，表示十分愿意继续听取他的高见。用“眼神”发出赞美的信息最为常见，也最易被人察觉，因为眼睛是心灵的窗口。发出赞赏信息的前提是，在一般情况下，不对谈话者持有成见。如果被预先注入的成见所支配，便会失去客观倾听的先决条件，造成倾听的心理障碍，自然也不可能发出由衷的赞美。

打断别人的话是非常无理的举动。在他人饶有兴趣地表述自己的观点或者是讲述亲身经历的有趣故事的时候，一个有一定文化和修养的人，一般是不会随意打断对方的，更不会试图代替别人讲下去，除非有特殊的情况出现，不得不中断交流。如果有人已经形成了轻易打断他人谈话的习惯，应当想办法加以控制。试想，如果一位同学正在寝室里津津有味地向室友们描述自己去某一个风景点参观的感受，情绪激动，满脸通红，完全处于亢奋状态，而此时有人贸然打断他的谈话，当事人会是一种什么样的心理感受？

（三）养成一边倾听，一边思考的习惯

倾听的过程应当是学习的过程和思考的过程。我们在倾听他人发表观点的过程中，不能一味点头称是，像一个受过训练的“倾听机器”，而应当充分利用自己的大脑资源，收集对方发出的语言和非语言的信息，尤其是非语言信息，对“话外音”迅速作出判断和回应。如果我们养成了一边倾听，一边观察，一边思考的习惯，那么对提升我们的观察力、思考力、应变力，会有很大的促进作用，久而久之，说不定会成为一个人们羡慕的“智者”。

二、说服：不可或缺的技能

经过40年的改革开放，绝大多数中国人已经不再关注“吃饭”这一中国人关注了几千年的课题，从而转入对以“公平”和“正义”为主要内容的社会核心价值的关注，向往高层次的精神生活追求。在今天中国的大学校园，大学人在追求社会的“公平”和“正义”的同时，更加渴望在自己的生活环境中，自由、平等、民主等元素能够成为主导。基于这种认识，在未来的社会生活中，说服必然会成为人们不可或缺的生存技能，因为在自由、平等、民主的社会生活环境里，无论是让他人接受自己的政治理念，还是学术理念和生活理念，都只能采取平等的说服方式。那种借助于政治地位、经济地位、学术地位，强迫别人接受的时代，正在逐步隐退，并且终究成为历史的尘封。

（一）提高自身的可信度

说服是主体通过自己的语言促使客体接受自己的观点和意图的活动。说服活动能否取得效果的前提条件是说服者所发出的说服信息必须真实可信，容易识别的虚假的信息是很难令被说服的客体所接受的。心理学家的大量研究得出的结论是：可信度在说服他人中起着决定性的作用，而可信度的高低并不取决于人们一般认为的说服主体的权力、地位、财产、声望等因素，而取决于说服内容的本身。我们完全可以这样理解，拥有权力的人，如大学里身居高位的党委书记和校长，如果需要说服师生接受自己的办学理念和工作思路时，所阐述的观点本身的可信度不够，同样是不能赢得师生的理解和支持的。即使是拥有院士头衔的资深学者，如果发表的学术观点明显具有为某些利益集团代言的意味，有良知的人们一般也是不会苟同的。即使由于某种压力，为了生存的需要，出现表面上的“点头称是”，甚至“心悦诚服”“茅塞顿开”之状，其实内心世界在进行着良知与道德的争斗。即使是在世俗的人际环境里，相当一部分人也同样不认为他人拥有的地位、财产、社会声望与所讲的道理之间有什么必然的联系。当然，有一种现象在社会生活中很常见，那就是拥有社会地位、权力和金钱的人，往往拥有更多的话语权，拥有更多的听众和“粉丝”，这种现象应当是社会学研究的范畴了，在本文中不再加以论述。人们一般认为，可信度的高低受三个方面的因素的影响：

第一，“理直”。所说服的“道理”是否“立”得住，是有没有可信度的关键。道理“立”得住，就具备了有效说服的前提条件，就不怕达不到说服的理想结果。如果所阐发的“道理”完全“立”不起来，那么即使拥有高超的说服技巧，也是不可能奏效的。

第二，“气壮”。说服者在发出说服信息时的“气度”，对提升说服的可信度具有十分重要的影响，人们的习惯思维是，“气壮”者，往往是因为“理直”。说服者如果表现得气壮如牛，而且语气坚定，铿锵有力，并且目光炯炯、深邃、睿智，会在被说服者心中引起“真实可信”的心理反应。相反，如果说服者明显的底气不足，不仅吞吞吐吐，而且目光游离，会使被说服者怀疑说服者“心怀鬼胎”，从而减少说服内容的可信性。理直气壮、慷慨陈词是提高可信度的外在关键因素。

第三，用被说服者喜欢的态度和行为方式。有一种常见的心理现象：一个人的外表特征如果为人喜欢，人们往往会对他的观点产生认同感，愿意与他采取一致的态度；而一个人的外表如果被人们所厌恶，往往会导致人们厌恶他的观点和做派，甚至厌恶他喜欢的某种人和事。同学们也可能会有这样的心理体验，自己并不喜欢某一门选修课，但由于喜欢这个教师的长相和风度，于是选修了这门课，目的是为了近距离地欣赏这位教师讲课的风采。本来十分喜欢某一门课，但想到那位教师的做派，怎么都觉得不舒服，于是忍痛割爱，改选其他课。某大学的一位年轻教师，被女同学称为“帅哥老师”。这位教师在女同学中有很好的名声，虽然他所讲的那门课并不是一些同学所喜欢的，但选修的女生还是比较多。而且每次讲课前，都有人早早去占前几排的座位。女同学们毫不避讳对这位“帅哥老师”的喜欢与偏爱，而且一届一届地往下传，成为一个有趣的话题。常识告诉我们，在公共场合阐述自己观点的时候，诸如在学术会议上发言，参加演讲比赛，一定要衣着整洁、仪态端正、举止文雅。这是人们完全认同的最为常见的方式。可以引起公众的严肃感，大大地增强说服的效果。如果在大庭广众之下随随便便，举止不雅，人们接受这种行为和举止都尚且困难，又怎能接受当事人所阐述的道理呢？

（二）了解说服对象的心理特征

《孙子兵法·谋攻》曰：“知己知彼，百战不殆。”说服他人虽然不是带兵打仗，但也应当事先了解被说服者的基本情况，特别是个体的心理特征的状况，从而找出最佳的说服方式，找出最佳切入点与突破口。在进行说服工作之前，就要全面了解与掌握被说服者的性格特征、志趣爱好、人生追求及人生态度等方面的资料，并且进行认真分析与研究，使自己的说服工作具有针对性，避免盲目性。一些有经验的学者，在应邀作学术报告之前，必定要认真询问听众的基本情况，甚至关注这个群体最崇尚的价值追求，然后设计自己的报告内容。他们往往开头的几句话，便能引起听众的广泛兴趣，因为所讲授的内容正是他们平常最为关注的话题。

（三）掌握必要的技巧

“晓之以理”是说服的重要原则之一。既然是说服，就必须是以“理”服人而不是以“力”服人。以“力”服人，是“压服”而不是“说服”。即便说服者是德高望重的长辈，是大名鼎鼎的学术权威，也要遵循“以理服人”的规则，与被说服者平等交流。假如有人要说服自己的一位好友参加研究生考试，就应当尽可能地列举研究生毕业后参加工作的种种优势，诸如人更成熟，知识更成体系，研究的能力更强等。同时也还要注意从反面旁证自己观点的正确性。诸如现在的本科生就业形势不好，三年之后，整个国家的经济形势会变得更好一些，会为学生提供更多的就业机会，即使现在能够就业，将来还是要提高学历层次，与其工作几年之后又去读书，不如一气呵成，把研究生拿下算了。这种理性分析的说服，从正反两个方面进行考虑，有理有据。很有可能会使被说服者改变初衷，立即进行考研的各项准备。

“动之以情”是成功说服的又一重要原则。动之以情是增加说服效果的极佳方式。人都是有感情的，在说服的过程中，充分应用情感的因素，有时会达到意想不到的效果。专门从事学生管理工作的辅导员们常用这种方法。有的学生被网瘾所困，天天上网，通宵达旦。为了让他们重新回到教室或图书馆，在进行了多次耐心细致的说服仍不见效果的情况下，只有使出绝招，请其家长前来学校，参与说服工作。子女在父母情感的感召下，往往会从此认真读书。

具有说服他人经验的人十分关注被说服者的情绪变化。他们在说服他人的过程中，始终注意察言观色，捕捉有用的信息，调整说服的内容和方式。一种常见的错误是，说服主体在说服过程中，一味地注重自己观点的阐述，而完全不注意说服客体的情绪反应。正确的做法是，在阐释道理的同时，察言观色，看对方的反应如何，并且及时调整讲述的内容。应当像写散文一样，重视说服工作的开头与结尾的内容设计。一般说来，开头要能够引起对方足够的注意，能够迅速地牵引着对方的思路，按照说服者的思路走下去。结尾的内容既要给人留下十分深刻的印象，还要预留下广阔的想象空间。如果是以报告或演讲的方式，去说服别人，更要精心设计开头与结尾，不可草率从事，因为大庭广众之下，必须言辞准确，掷地有声。我国历史上发生的"触龙说赵太后"的故事，是说服的成功范例。春秋战国时期的赵国由于年幼的孝成王刚刚即位，赵太后事实上控制着国家的权力。秦国的政治家们认为有机可乘，便发兵东下，攻打赵国。迫于危急的情势，赵国只有向齐国求救。而齐国提出的出兵条件是让赵太后最喜爱的儿子长安君去作人质。赵太后当然不愿意让年龄的长安君到齐国去。大臣们的强烈要求，更让赵太后恼怒异常，放言："有复言长安君为质者，老妇必唾其面。"在如此关键的时刻，大臣触龙开始他流传千古的说服工作，并且取得了惊人的奇特效果。第一步先与太后联络感情。他向太后报告自己的身体状况，接着问候太后的身体和饮食情况，从老人普遍关心的养生问题谈起，再问及子女的情况，拉近了彼此的情感距离。然后再转入第二步的以理服人。他向赵太后说明，国难当头之时，正是长安君为国效力的大好时机。触龙先从赵国的历史说起，从"三世以前"到"赵之为赵"，再到"虽曰爱之，其实害之""一旦山陵崩，长安君何以自托于赵"。经过触龙的严密分析和说理，赵太后终于发出"诺，恣君之所使"的表态。《古文观止》对此事有这样的评价："老臣一片苦心，诚则生巧，至今读之犹觉天花满目，又何怪当日太后之欣然听受也。"

三、应该关注的做人“细节”

笔者倡导大学生做人的“三节”，即“大节”“小节”和“细节”。“大节”是指人们以科学的世界观、人生观和价值观为指导的以热爱党、热爱国家、热爱人民为主要内容的自觉行动。在关键的时候，能够维护党和国家的最高利益，维护中华民族的最高利益，维护广大人民群众的最高利益，具有强烈的社会责任感。“大节”决定着人生的命运，也决定着个体人生的最高价值实现。“小节”是做人的基础，其主要内容是：热爱父母，热爱家庭，具有强烈的家庭责任感。“细节”是做人要细致周到。在现代社会，在人生的许多关键点，细节决定着成败。老子有言：“天下难事，必作于易；天下大事，必作于细。”笔者借鉴国外一些著名大学教师的研究成果，结合自己的思考和体会，提出以下几条大学生活中应当关注的重要细节，以供参考：

（一）每星期至少要与父母联系一次

对于以发展经济为主要任务的社会来说，人员的流动是必然的现象。改革开放以后的中国，以制造业为主体的产业结构，需要大量的产业工人，一部分农民进入城市的制造业，成为新一代的产业工人，是现阶段经济发展的必然结果。时下，相当一部分农村学生的家长，离开了自己的家乡，到北京、上海、广东等经济发达地区的工厂打工，或者从事商业活动。对于大学生来说，不管自己的父母身在何处，也不管他们距离学校有多远，都应当与他们保持经常性的联系。“儿女行千里，父母真担忧！”我们这个时代的父母，由于政策的制约，大多数只有一个孩子，他们的情感牵挂集中而单一。一个月至少应当与父母联系一次。没有电话资费困扰的同学，应当经常与父母聊天，向他们报告自己学习与生活的收获，将自己的所思所想，特别是内心的困惑与不安及时向他们倾诉，争取他们的指导和帮助。每一位同学的父母，不管其文化水平多高，都有自己做人的经验与感悟。这些经验与感悟作为十分珍贵的家庭资源，是不应该被浪费的。

（二）与高中时代的朋友保持联系

国外研究大学生交际的专家们建议：应当与高中的同学保持联系，这种联系可以极大地帮助自己收集各个方面的信息，扩大自己的视野，增长自己的见识，对自身的成长大有益处。可以经常与不在同一城市就读的高中朋友，在网上聊聊天，也可以经常给他们打打电话，发个短信，寄个贺卡等，保持联系，既要保持情感的沟通，更要保持信息的互动。

（三）坚持在背后说别人的好话

笔者曾经建议一位在同学中口碑不好的同学，用一个月的时间坚持在背后说同学的好话。一个月以后，有的同学开始慢慢地喜欢这位同学了。坚持在背后说别人的好话，是一种非常好的做人习惯，尤其对不良人际关系的改善，非常具有实用价值。但要真正做起来是很难的，因为人们常常对在背后议论他人的缺点（讲坏话）更有兴趣，而且乐此不疲。在中国的民间流传这样一句话："谁人背后不说人，谁人背后无人说。"可见，背后谈论别人或被别人谈论，对于中国人来说，是很正常的事情，人们早已见怪不怪。稍稍留心观察一下，我们就会发现，在人们的日常生活中，确实有一些人比较热衷于在背后谈论他人的是非短长，传播他人的逸闻趣事，以此作为茶余饭后的消遣。即使是道听途说、捕风捉影的事情，也随便发表评论，有的是在议论别人的痛苦中，快乐着自己。大学生之间的交流，不可能不涉及其他人的是是非非，但不能形成在背后说他人坏话的习惯。应当记住一位哲人的话："如果某人不在场,而你将要说的话有可能对他不利,请你最好不要说。"如果有人主动约你聊天,而此人最大的优点是喜欢说同学的坏话,那么,应当寻找各种理由加以"婉拒";同学聚会时,有人故意"阴损"不在场的同学,此时应当保持沉默,即使你对那位同学同样存在反感,也不要随声附和。否则,会给自己带来不必要的麻烦。具有生活经验的智者告诉我们:"来说是非者,必是是非人。"他今天约你说别人的坏话,明天就有可能约其他人说你的坏话,而且说不定还会嫁祸于你。对付这种人最好的办法是敬而远之!

(四)过去的事,不要全让人知道

著名作家罗曼·罗兰说:"每个人的心底,都有一座埋藏记忆的小岛,永不向人打开。"著名作家马克·吐温也说:"每个人像一轮明月,他呈现光明的一面,但另有黑暗的一面从来不会给别人看。"由著名人物的人生感悟出发,结合生活现实进行思考,智慧的人们得出的结论是:"要知道,有的秘密只能自己独享,不能作为礼物送给朋友,包括知心朋友。"有的人总是不大愿意接受他人的忠告,我行我素地将自己过去的一切反复告知自己的"好友"和"同事",尤其是恋人之间,更是和盘托出,生怕有一点点的遗漏,因为他们相信"真诚相待"的魔力。而结果在有的时候恰恰相反,一味的"真心"往往换来的很可能是"假意"。人们更加喜爱稍加"掩饰"和必要"保留"的交往,似乎这种往来更使人觉得具有深意,更令人玩味。在与新的恋人开始交往的时候,还是将自己过去的恋爱经历收藏起来吧!如果反复向新的恋人谈及过去的恋爱经历和感受,尽管主观的愿望是善意的,但结果肯定是事与愿违。

(五)对自己不知道的事,坦率地说"不知道"

先哲孔子的名言几乎是路人皆知:"知之为知之,不知为不知，是知也。”(《论语·为政》)但人们的理解却大相径庭。一般的理解是，对于我们知道的事情，就说知道，对于我们不知道的事情，就坦率地说不知道，这才是真正的“知道”。但许多人对这句话还有更深层次的理解：对于“知道”某些事情的人，就跟他说“知道”，对于根本“不知道”某些事情的人，就干脆跟他说“不知道”，这才是真正的“知道”。不必与根本没有经历过春天的人，谈四季，因为那样做是徒劳的。在人际交往中，不可以不懂装懂，对于自己不知道的事情，就坦率地说“不知道”。因为即使是记忆力超强、博览群书、每天坚持上网的人，也不可能什么都知道。那种给人的印象是天上的知道一半，地下的全部知道”的人，其实是不受大众欢迎的。前些年，“知识爆炸”这一名词，频繁地出现在我们的工作和生活中，有的人甚至称我们的时代是“知识爆炸的时代”。事实的确如此，今天的社会，新的知识、新的学科、新的方法层出不穷，令人有应接不暇之感。尤其是互联网的出现与普及，带给我们的新信息铺天盖地，彻底改变了传统的信息传播模式。在今天的知识背景下，任何人都不要想做到全知全能。民国时期，有一位北大的著名教授，经常对学生说：“你问的这个问题，我不知道。我回去查一查，明天告诉你！”他的回答，恰恰折射出了这位教授的学识渊博和治学严谨。

(六)不要在朋友面前炫耀自己

我们通常的做法是，有了值得高兴的事情，立即告知自己的亲朋好友，让他们在第一时间分享自己的喜悦。就一般意义而言，这种做法把握在一定的范围内，并没有什么不妥。但如果超过了一定的尺度，则会出现人际方面的负面影响，有在亲朋好友面前炫耀自己的嫌疑。而这种炫耀是人际交往中应该着力避免的。因为在朋友面前炫耀自己的成功，在一定意义上是对朋友自尊心的挑战。人最宝贵的就是自尊,自尊心是引导人们追求进步的精神支撑。与朋友交往,首先要尊重朋友的自尊心,不能因为自己的行为使朋友的自尊心受到伤害。为了善待自己的朋友,我们应当坚决杜绝炫耀。不能让要好的朋友,在赔上时间和精力的同时,再赔上自己最宝贵的自尊心。

(七)做错事马上道歉

只要是人就会犯错误,做错事,就算伟大的圣贤也不可避免。而圣贤的伟大在于,他们在做了错事之后,会立即进行必要的调整,不会在同一个地方摔第二跤。对于普通人来说,在日常的学习和生活中,一旦意识到自己对同学和同事做错了事情,对人家造成了负面的影响,应当立即道歉。笔者的建议是:马上拿起电话,一分钟都不要耽误。因为道歉越及时,越是可以减少负面的影响。时间拖得越长,负面的影响越大。因为负面的影响不被及时消除,会随着时间的推移不断地发酵,造成更加严重的后果。

(八)要学会说善意的“谎言”

说谎是人际往来中最坏的习惯之一,具有说谎习惯的人,是令人讨厌的人际类型之一。但学会说善意的“谎言”却是人们提倡的,因为在特定的环境里,它比真话更有价值。心理学家做过这样一个试验:从一群女大学生中,挑选出一个人们普遍认为最愚笨、最不招人喜爱的姑娘,要求同学们改变对她的原有印象,把她想象成一个最受人喜爱的女孩。在特定的日子里,大家争先恐后地接近这位女生,帅哥男生们纷纷献殷勤,把她当成一位漂亮聪慧的姑娘来追求。经过不到一年的时间,这位女生完全变成了另外一个人,言谈举止与以前判若两人。她十分感激地对同学们说:“我获得了新生。”心理学家告诉同学们,其实我们这位女同学并没有变成另外一个人,而是随着外在环境的变化，她展示出了蕴藏在她身上的美。

这个试验告诉我们，在我们的日常生活中，如果处于帮助他人的需要，做一做假动作，说一说假话，对自己不会带来损失，但带给他人的却是美丽的童话世界。

（九）不能成为朋友的人，也不要让他成为敌人

与自己距离最近的是两种人：一种人是朋友，一种人是敌人。研究显示，人们对朋友与敌人的关注度几乎是一样的。在我们生活的人群里，有的人有可能成为朋友，有的人不可能成为朋友。我们应注意：不能成为朋友的人，也不要让他成为敌人。可以有意识地主动交朋友，但不可以有意识地主动树敌人。树敌太多，是人生成功的大忌。在我们的人生历程中，朋友的群体在不断进行着名单的更新，新结识的朋友逐渐取代原来老的朋友，真正做到"结识新朋友，不忘老朋友"是比较困难的，因为人们的时间和精力都是有限的。但敌人的名单却是不变的、甚至是永恒的，能够做到化敌为友的人并不多见。针对这种现象，有人总结出一句经典的话："朋友有来有去，敌人只来不去。"一位已经离休多年的老领导告诫身边的年轻人："千万不要给自己树敌！"一个人在人生最为关键的时候（诸如提升职务、增加薪水等），十个朋友帮你，不见得能促成此事，但只要有一个"敌人"处心积虑地搅局，恐怕就会前功尽弃。他语重心长地说："一个人一辈子机遇不多，不要因为自己在无意中树的一两个敌人，而失去了来之不易的发展机会。"

第七章 “过渡期”的自我管理

“过渡期”是一个人生非常重要的时期，它是大学时代的结束，也是社会生活的开始，是大学生活与社会生活的衔接期。能否实现这一时期的生理和心理的平稳过渡对未来事业的发展和生活的展开至关重要。在这一人生的重要阶段，众多的实际问题，需要科学的判断和正确的面对，需要系统的思考和有效的处置。一个心智成熟的大学毕业生个体，应该具有比较清晰的战略规划和较为明晰的实施方案，既要有对事业发展的总体定位的宏观思考，也要有对职业的具体目标和生活的具体目标的描绘。此外，还应当有保证既定目标实现的具体规划和措施，以及遇到特殊情况时的调整和修正方案。

第一节 求职：成为“社会人”的前奏

拥有一份较高工资待遇，同时又是自己喜爱的工作，对于每一个社会成员来说，都是梦寐以求的。对于家庭而言，就业是改变家庭经济状况的有效途径和实现形式。对于社会而言，就业不仅有利于社会成员自身的发展和家庭的发展，有利于保证后代的健康成长，也同样有利于社会人力资源的充分开发，有利于提高社会的整合程度，有利于社会成员生活质量和幸福指数的普遍提升，也有利于社会的和谐稳定。

尽管当今我国人才市场的竞争激烈得近乎有些残酷，尤其是公务员岗位的竞争，但同学们仍然应当充满信心和耐心，找到最终属于自己的职业岗位。求职是结束大学时代，开启社会生活的中介和桥梁。求职的过程，是实现“大学人”到“社会人”的蜕变过程。求职的目标看起来是单一的，就是为了找到自己心仪的工作岗位，但它的效益却是复合的，尤其是在增强社会适应能力方面。

一、大学生就业难的原因分析

大学生就业难的问题一直是国家相关部门高度重视的问题。造成大学生就业难的主要原因，是三对结构性矛盾：经济发展的结构性矛盾，教育发展的结构性矛盾和大学生自身发展的结构性矛盾。

（一）经济发展的结构性矛盾

改革开放以来的中国经济，主要是以制造业为主的经济模式，中国经济的主体部分是制造业。中国已经变成了世界的大工厂。制造业的繁荣，为大量的以体力劳动为主的农民工，提供了就业机会，还出现过短暂的“民工荒”，但对以脑力劳动为主的大学生的需求量却十分有限。由于经济的这种结构性矛盾，致使社会为大学生提供的就业岗位的总量不足。虽然教育部门和大学为大学生的就业，已经想了很多办法，采取了许多措施，做了许多自己应该做的事情，教育部专门发文，要求大学开设就业指导课的时间不得少于一定的课时，大学的职业规划和就业指导，已经达到了相当高的水平，但是大学生的就业问题，不是教育部门和大学能够解决的。大学生就业难问题，主要是由于国家经济的结构性矛盾，并且会随着经济结构的逐步调整而逐步解决。社会为大学生提供的就业岗位的总量本来就不足，学校的就业指导课上得再好，恐怕也是徒劳的。教育的职责是培养人，培养全面发展的人。大学不能以“就业至上”作为办学理念，一切以就业为导向，会使大学误入歧途。

（二）高等教育发展的结构性矛盾

我国高等教育的结构分布严重失调。尽管已经宣布进入了大众化教育阶段，但整个高等教育结构仍然处在精英教育阶段的模式中，处于高等教育顶层的研究型大学和教学研究型大学的总量过大，普通高校占有的国家教育资源过多，处于高等教育底层的职业技术教育和职业培训等教育形式，总量太小。加之大学自身沉浸在精英教育的传统中，专业设置不合理，社会需要的实用性专业不多，教学内容和教学方法陈旧，不能满足社会的需要。

（三）大学生自身发展的结构性矛盾

大众化教育形势下的大学生群体，已经不再是“精英群体”，而是“大众化群体”。虽然其中也有一部分精英存在，但绝大多数成员是普通人。因此，今天的大学生群体中的绝大多数同学，应当有将来做普通人的思想准备，在普通的工作岗位上工作，过普通人的日子，成为普通劳动者当中的一员。就业的定位应当是先有一份能够解决温饱问题的工作再说，但有的同学对此并没有清醒的认识。令人尴尬的是，用人企业和公司几乎都要求毕业生具有较强的动手能力和实际工作能力，而我们的学生却偏偏缺乏这种能力。

二、求职前的准备

大学生个体在求职之前，就应当做好两个方面的准备：一是物质方面的准备，主要是求职材料的准备。二是精神方面的准备，主要是准备好信心和耐心。

（一）求职材料的准备

尽管求职材料的优劣，对求职的成功与否不起决定性作用，但不是完全没有影响。应当注重内容的安排和外形的设计。内容的安排应当以突出个人的特长为原则，让用人单位的领导只要看上一遍，就能够留下深刻的印象。可以将自己的特色和特长，从不同的角度，用简洁、风趣、优美的语言加以概括，打印在封面上。“院学生会主席”“校级优秀学生干部”的字样，一看就知道是一位具有一定管理能力的学生干部。“校级三好学生”“年级学习标兵”等字样，显示出是一位学习方面的拔尖人才。“某某社团团长”“省级大学生科研成果奖获得者”透露出具有科学研究的能力。还可以针对不同的用人单位的不同需要，从不同的侧面对自己进行真实的描述。例如，对招考公务员的单位，写上“一年级入党，二年级任院学生会主席”；对科研院、所，写上“省级大学生科研成果奖连续三次获得者”；对外企写上“六级轻松过关，校级英语演讲比赛第一名获得者”。

（二）求职的心理准备

目前，中国的人才市场还是不规范的市场。由于国家对人才市场的行为还缺乏有效的监督和制约，用人单位处于强势地位，它们对毕业生们的要求十分苛刻。有的用人单位，在选人的过程中，重男轻女，而且明确规定身高必须1.8米以上；有的公司则重女轻男，只接受身材和气质俱佳的女生，不仅对身高和体重有明确的规定，还要考察婚姻的状况，有的用人单位，在签订接受协议之后，轻易悔约，所找的理由轻描淡写，学生只有自认倒霉，因为没有时间和精力去打官司。对求职过程中有可能发生的种种事情，应当有充分的心理准备，用一份好心情从容应对。

1.防止厌倦心理

在求职的过程中，厌倦心理的出现是正常的心理反应。面对一次次的失败、一次次的挫折，难免会滋生厌倦的情绪和放弃的心理。但是，不能被不断强化的厌倦心理所形成的困扰所击倒。为了赢得未来人生的生存和发展必备条件，必须冲出困扰，在极度的忍耐中再接再厉坚持前行。有时候可以进行必要的心理调整，经过短暂的调整之后一如既往地以必胜的心态，继续奔走于各地的人才市场。应当充分相信自己的实力和机遇，相信大多数用人单位选才的公开性、公正性和程序设计的合理性。不能因为个别用人单位的公正性和公开性的缺失，而产生认识的偏颇和情绪的失控。

2.要有失败的心理准备

在求职的过程中，有成功的机遇，也有失败的挑战。不管是什么样的结果，都要以好的心情对待，看成是一种难得的人生经历，一种难得的收获。许多教师都有同样的感觉，求职的过程使学生们一下子长大了许多，成熟了许多。对社会和人生的看法，由量变发生了质变，走向了理性与成熟。这种收获可能比求职本身更加重要，也是一种难得的收获。

3.要有被冷落的心理准备

有一些用人单位，注重品牌优势，对名牌大学的学生情有独钟，对一般院校的学生存在偏见。有的根本不招收一般大学的毕业生。应当说，站在用人单位的角度想一想，是有一定道理的。名牌大学占有着国家的优势资源，加之学生的起点高，是高考中成绩优秀者，再加上名师的指导以及长期形成的学术氛围的熏陶，应该具有一定的优势。普通高校的毕业生在求职时，应当具有被冷落的心理准备，以十分平静的心情，对待各种冷遇，凭借着自己的实力参与竞争。

三、求职过程的实施

虽然我们不认为技巧可以在求职的过程中起决定性的作用，但仍然要提醒毕业生注重求职中的一些技巧问题，因为人们都在重视。

(一)注意外在形象的设计

现代社会的人们十分注意个人形象的设计。毕业生在进入人才市场前，有必要进行必要的“包装”。男生应当潇洒大方，干净利索。人们一般比较喜欢潇洒大方、干净利落的小伙子，一看就让人感觉是一个干事的人、勤快的人。蓬头垢面、衣帽不整，给人的印象不仅是不太讲卫生，还有可能是懒惰。连自己的基本生活都料理得如此糟糕，对工作会有认真负责的精神吗？人们自然而然要产生如此的联想。当然，过于装饰也会给人一种油滑和世俗的感觉，应当注意分寸。女生应当美而不俗、落落大方。今天的大学女生，出生和成长在改革开放以后，由于生活条件普遍优越，身高和体型都令他们的前辈们羡慕不已。尽管如此，在求职的时候，仍然需要进行必要的修饰。发型虽然没有必要进行精心的设计，但必须进行适当的处理，以展示出年轻女性的青春与活力。衣着虽然不必过于考究，但必须干净、整洁、时尚，装扮出年轻知识女性拥有的美丽。最重要的是，不能打扮得过于俗气。杜会上“俗气”的女性比比皆是，只有美而不俗、清纯的知识女性才是用人单位欢迎的。浓妆艳抹地性感出场，是女生求职中的大忌。

（二）神情自若，落落大方

在与用人单位的领导或人事部的人员交流的时候，应当神情自若、落落大方。方法是：把他们当成自己的老师与同学那样对待。以高度的自信和良好的心理素质，从容应对他们所提出的问题。可以这样想：坐在自己面前的人，很可能就是将来的同事，完全没有必要坐立不安，心跳加快，更没有必要手足无措。当然，神情自若不是旁若无人，应当具有分寸。即使觉得自己理论水平不低，又得到过名师的指点，导师的名字在国内的学术界十分显赫，担任着多个学术团体的领导，自己将来的抱负是超过导师，也不能信口开河。因为对于用人单位来说，眼下所招收的是做一些具体事情的员工，而不是招聘总经理助理。

（三）不要过早提出待遇上的要求

用人单位在招员工的过程中，一般会主动地将单位的基本情况，能够提供的待遇告诉应聘者。政府部门以及国家拨款的事业单位以及国企的待遇，国家是有统一规定的，一般不用多问。私营企业，外资企业等用人单位的待遇，可以从侧面打听。不要在与用人单位洽谈的过程中，提出一些对方给予待遇以外的条件。

（四）权衡利弊，慎重选择

根据《中国青年报》对2307名在校大学生的“就业意向”的调查，学生选择的排序是：国有企业：43.1%；事业单位：36.3%；外资企业：34.7%；党政机关：32.0%；民营企业：28.1%；自主创业：21,29%；公益组织：6.6%。最愿意去的就业地区，同学们的选择是：省会城市：47.9%；北京、上海等大城市36.9%；中小城市:27.9%;发展速度快且地理位置重要的二、三线城市:6.6%。大学生的“职业目标”的选择是:领导者或管理者:45.9%;生活与工作平衡:38.5%;安全感和稳定感:34.5%。[①] 这项调查表明,在今天的中国,绝大多数大学毕业生仍然选择在大中城市做比较稳定的管理工作,这种价值取向与计划经济时代没有太大的变化,这种选择的局限性是显而易见的。在职业意愿得不到满足的情况下,宁在大城市作“蚁族”蜗居,也不愿意去县级以下的地方就业。调查的结果显示,在大学生的“蚁族”中,有50%以上的人来自农村,20%来自于县级城市。我们的建议是:到具有发展前景的二、三线城市去工作或创业,不要羡慕大城市的繁华与多彩,应当追求实实在在的具有幸福感的生活。可以预见,经过一段时间的发展,我国中小城市市民生活的幸福指数,是完全可以超过大城市的。当然,在现实的情形下,选择去二、三线城市工作,可能不是一件体面的事情,作出这样的决定,也可能是一个痛苦的过程。但这种选择,肯定是具有远见的人们做出的。

第二节　“过渡期”的目标管理

目标管理,是一种行之有效的现代管理方法,对于个体的自我管理同样适用。

一、管理的理论

目标管理这一概念是由著名管理学大师德鲁克提出的。德鲁克认为,管理的原则是能够让个人充分发挥特长,凝聚共

---

① 转引自张静:《社会身份的结构性失位问题》,《社会学研究》2010年第6期。

同愿景和一致的努力方向，建立团队合作，调和个人目标和共同福祉的原则。目标管理和自我控制是唯一能够做到这一点的管理原则。在德鲁克看来，每一个职务都要向着整个企业的目标，才能有所成就。每一个管理人员必须以整个企业的成功作为自己工作的中心，预期取得的成就必须与企业的目标一致。所有员工的业绩，都必须由他们对企业的贡献来衡量。另一方面，应当重视目标管理的内部控制，也就是管理中的员工的自我控制。德鲁克重视管理行为的结果，而不是对行为的监控，这是对管理学的一个重大贡献，也是划时代的革命。①

在德鲁克之后，许多管理学者对目标管理理论的完善和发展作出了贡献。他们进一步指出了目标管理的内涵和意义。美国管理学家乔治·奥迪奥恩发展和完善了德鲁克目标管理的思想，他明确指出：目标管理是这样一个过程，组织的上级管理人员和下级管理人员共同确定组织的目标，根据对每一个人所预期的结果来规定他们的主要责任范围，并且利用这些指标来指导他们所管部门的活动和评价每个成员作出的贡献。②

目标管理的最大优势是，它使管理人员能够控制他们自己的成绩，把客观的需要转化为个人的目标，通过自我控制实现成绩。这种自我控制可以产生强大的动力，推动他们尽自己最大的努力完成自己的工作。目标管理的优势还在于，由于实行的是参与式管理，可以通过上下结合的方式进行反复

---

① 参见[美]彼得·德鲁克：《管理的实践》，齐若兰译，机械工业出版社2009年版，第154页。

② 参见[美]乔治·奥迪奥恩：《管理目标的决定》，科学出版社2001年版，第56～57页。

的协商和综合平衡，以使所确定的目标更加具有动员性、激励性和可实现性。目标管理所达到目的的手段是过程激励，这也同样是目标管理的优势所在。

从目标管理的理论出发，为了实现工作和生活的自我激励，我们可以为自己设定一些努力的目标，通过自我控制的过程，实现自己的目标。

二、“过渡期”个人精神生活目标

在当今世界，一部分人片面地无休无止地追求物质的积累和物质生活的享受的现象，不能不引起人们的高度警觉和反思。虽然物质财富是人们生存的基础，拥有一定数量的物质财富是人们生存和生活的必需，但只有物质财富和物质生活显然是远远不够的。物质生活和精神生活共同构成人的生活的全部内容，按照马克思的理解，人的本质是由人的精神生活构建的。精神生活比物质生活更能体现人的存在，更具有本真的意义。如果没有精神生活，人的存在就变得毫无意义，就变成了单纯的物的存在。人类在漫长的实践和发展中，逐步孕育了人的精神生命和精神世界。它为人的存在提供了更加高级的价值支撑与追求，显示了人的尊严与高贵。精神生活是人的根本特征之一，它可以体现人的存在价值，使人得到一种价值关怀和生存意义，为人们提供精神力量，也为人的存在赋予了更深层的意义。精神生活给予了人生确定的目标，使生活具有明确的方向感和使命感，能够从复杂的外在表象中，获得一种内在的坚定感、自主感和独立感，体验到内心的充实和生命的价值。

精神生活具有审美层次、道德层次和信仰层次三个不同的层次。个体追求到达的层次不同，所达到的人生境界也不同。一个受过高等教育的社会成员，在精神生活方面的追求应该具有较高的层次，体现出由审美层次出发，进入道德层次，最终达到信仰层次。应当成为社会健康精神生活方式的倡导者和践行者，引领社会的精神生活风尚向着健康、文明、高尚的方向发展。

(一)形成高雅的生活方式

对生活方式的理论研究，最早可以追溯到马克斯·韦伯那里。韦伯除了承认“阶级”的概念存在之外，还指出了“地位群体”的概念存在，并把它看成是可以竞争、共存或者是与阶级群体重叠的社会亲密关系的一种形式。在韦伯看来，地位群体是具有相同生活方式和相同地位的人之间互动的共同体。地位群体与声望密切相关，即生活方式的规则维持其制度。继承韦伯的思想观点，布尔迪厄对分层与生活方式的关系，进行了更加深入的研究，提出了“文化资本”“惯习”“品位”的概念。他的“文化资本”的概念包括高等地位的消费实践、优雅举止和享有特权的生活方式等，这种实践、举止和生活方式是长期以来逐步形成的。“惯习”主要是指后天获得的思想，行为和品位的模式。布尔迪厄在《区隔：品味判断的社会批评》一书中指出：“生活方式是惯习的系统化产物，并在惯习模式的相互关系中得到理解，成为被社会认可的合乎资格的符号系统。”“生活方式的每一个侧面用他者‘象征’自己，同时也象征他者……越来越成为韦伯所说的‘生活模式化的东西’。”[①]“品位”则是生活方式的一种生成范式。围绕着韦伯和布尔迪厄的理论，当今社会学家们对生活方式的研究兴趣之

① [法]皮埃尔·布尔迪厄：《区隔：品味判断的社会批判》，巴黎 Minuit 出版社 1979 年版，第 72～73 页。

一，就是社会分层对生活方式及其特点的影响。我国学者夏建中、姚志杰曾经对我国城市白领群体的生活方式进行过一次实证研究，结果显示：我国白领的休闲方式从高到低依次是：读书看报、与朋友聚会、到各种娱乐场所消遣、体育锻炼、健身、逛公园。从未发生上述活动的比例分别是：1.4%、1.2%、13.3%、4.4%、9.7%、0.8%数据表明，我国白领比较重视工作之外的休闲生活，尤其重视文化和精神生活，重视知识的学习和书籍的浏览，重视体育锻炼。重视生活质量和个人的感受。对打牌、下棋、打麻将之类的大众娱乐方式，基本上不感兴趣。

（二）追求人生价值的超越

1.人生价值的理论

（1）价值观念。价值观念是主体的人对客体进行某种评判，构成的一种基本的、持有习惯性的看法。价值观念往往决定人们如何认识和评价事物、行为。人们对是与非、美与丑、善与恶、取与舍、优与劣等观念的评判，都是价值观念的集中反映。构成价值观念的因素包括：①社会秩序信念。就是关于应该有什么样的社会结构状态和运行方式的信念。人们对等级制和平等制、集中与民主、合作与竞争、安定与变革、统一与自治等社会结构运行模式的各种不同的认可、选择和期待，成为人们社会理想的基础。它是人们社会历史经验的升华，与世界观和历史观密切联系。它是影响人们评价各种制度、社会状态和社会现象的一种深层心理机制。②个人的历史方位感。就是个人在现实社会的时空机构中的具体位置和关系的意识。个人在社会和历史中的地位如何，他同他人、群体、社会有何种关系，有什么样的社会权利和责任等。这些方面的实际情况和自身的感受，总是自觉或不自觉地规定着个人社会行为的倾向和评价尺度。个人社会角色意识的强化和弱化，是同个人的历史方位感的觉醒程度密切联系的。③社会规范意识。就是对社会生活各个具体领域的规范、规则的意识。④价值本位观念。人们在进行价值评价和判断时，常常是在事实上或意识的深层将它换算成一种价值，以此作为全部价值的基本单位。这种基本价值单位，就是本位价值。在人类的社会活动中，价值现象和价值活动是始终存在的，人们的一切活动，包括社会行为、心理行为均受到一定价值观的影响，并且不同程度地再现着个体的价值观念。

(2)价值体现。价值体现是人们(包括言和行)对他人和社会所具有的意义或作用。人生价值是社会价值和自我价值的统一，是物质价值和精神价值的统一，是人生的有限性和无限性的统一。人生价值是个体性和整体性的统一。人的生存活动是以个体为基本单位，通过个体自主的、相对独立的社会活动创造价值。整个社会的生存、运动和发展，是通过无数社会个体对自身价值的探寻与创造活动实现的。个体生存的价值是人生价值的基本层次。但个体不能作为纯粹的个体而生存，必须作为群体才能从事社会性活动，个体的价值体现在整体的功能中。人生价值是片面性和全面性的统一。人的一生，应当使自己的全面内在本质以一定的方式得以实现，人们必须有全面的生活环境、全面的内在需要、全面的能力机构、全面的活动方式，以全面地实现自身的价值。这就是人生价值的全面性。但是，在特定的历史环境里，人生价值的实现受到种种限制，很难得到全面的实现，因为个体的片面性是社会体系的全面性的条件，个体能力的片面性和需要的片面性严重阻碍着个体的人生价值的全面实现。人生价值是理想性和现实性的统一。人们人生价值的创造是在理想和现实的持续转换中实现的。人们对人生价值的向往和追求是人生理想的重要内容。只是因为人们具有对理想价值的追求，才能忍受现实的痛苦与折磨，从而积极地从事艰辛的探索与创造，积累潜在的价值量。人生价值是现实的，必须在现实生活中得以实现，脱离现实的价值追求最终不过是虚幻和缥缈的幻想和不着边际的梦呓。人生价值是多样性和综合性的统一。人生价值的多样性是指每一个体都可以从多方面以多种形式对他人、对社会做贡献，发挥自己的多种社会功能。从多方面显示自身的价值。每个人都具有多种社会角色并相应地具备多种主体能力，当不同的价值主体处于不同的价值关系中时，他可以通过各种具体形式满足他人和社会的需要，可以在各方面表现和创造出自己的人生价值。每一个体的人生价值都是多样的和独特的。人生价值的综合性表现为每一个体的独特性和多样性的人生价值之间，具有内在的统一性。任何个体的人生价值都可以进行量的分析和质的评价，从而形成一种个体的综合人生价值。就社会的总体而言，不同个体的积极人生价值可以互相协调和补充，形成一种推动社会进步的综合力量。人生价值是条件性和能动性的统一。人们创造人生价值是具有条件的，受到所处的自然条件和社会条件的限制。任何伟大的人物，都显示出了人类特有的主动性和创造性，在适应中改变，在改变中适应。在继承中创新，在创新中继承。体现出人类的灵气和精神。

2.追求人生价值的超越

我国正处于重大的社会转型期，社会主义市场经济的逐步确立和开放程度的逐步加深,带来了社会成员人生追求和价值观的多元和无序。有的学者将市场经济和社会转型对社会成员,包括大学生群体的生存与发展的影响归纳为以下几个方面:第一,趋利效应。竞争可以极大地激发潜藏于人们内在的神秘力量,极大地调动和诱发人们的积极性和创造性,极大地提高人们的工作效率和生活效率。但由于激烈的竞争意识和效率意识引发的趋利心理变得不可避免,道德边缘化的现象明显陈现,而且具有愈演愈烈的趋势。第二,不均衡效应。经济的持续性高增长过程,同时也是持续性的对自然环境和社会环境的破坏过程,是打破人们原有的心理结构平衡的过程。社会成员之间由于财富分配的不均衡而导致的不均衡心理必然产生,而且迅速地蔓延至整个社会。第三,不确定效应。经济增长的不确定性和风险性以及不可预测性,滋生了人们心理上的不确定感,也加重了人们的短期行为和功利思想和行为。在大学生群体那里,心理的不确定感明显存在,处在不上不下的悬空状态。第四,归属感缺失。由于市场经济大环境的作用,社会成员之间在以前社会条件下形成的地缘、亲缘为基础的人际纽带被扯断,人与人之间的情感化的交往被中立化和契约化的关系所替代,造成了人们心理的无助感和情感的无力感。

人生价值观是人们对人生目的和人生实践活动进行认识和评价时所持的基本观点和观念。人生价值观是人们对自己和他人的人生经验的总结和认识。人生价值观所表达的是人们的最高社会需要和价值目标。人生价值的理论分析和特征表述告诉我们,在追求人生价值的实现过程中,必须将个体价值的实现和整体价值的实现结合起来。将个人的价值融入群体、民族和国家乃至人类的价值创造活动中加以考虑,人生价值才能得到充分实现,也才能实现人生价值观的超越。人生价值的最高实现形式,是为他人、为社会、为国家和民族贡献出自己的一切,甚至包括最为宝贵的生命。未来的杰出的人物,肯定是那些能够超越时下流行的人生价值意识,超越以获得个人利益为追求的价值观,为大多数人谋福祉者。

主要参考文献

[1]郭广生、肖念:《着力学习改革,推进创新人才培养》,《中国高等教育》2011年第23期。

[2]刘建华:《师生交往论:交往视野中的现代师生关系研究》,北京师范大学出版社2011年版。

[3]魏峰主编:《管理自我与规划人生:大学生职业生涯规划手册》,东南大学出版社2011年版。

[4]王永利:《大学生自我管理价值研究》,《学校党建与思想教育》2011年第6期。

[5]梅萍:《从当代大学生的人生困惑看信仰教育》,《思想政治教育研究》2011年第3期。

[6]任文京、任明硕:《数字时代阅读方式的选择》,《社会科学论坛》2012年第8期。

[7]徐斌、叶存洪:《放飞青春梦:江西省高校思政课教育读本》,江西人民出版社2013年版。

[8]叶宁:《大学生自我管理能力影响机制评价》,知识产

权出版社 2015 年版。

[9]彭博:《管得住自己,成得了大事》,天津人民出版社 2016 年版。

[10]李尚龙:《大学不迷茫》,九州出版社 2017 年版。